프란치스코 교황과 함께하는
희망의 기도

표지 사진 © Vatican Media

Vi chiedo in nome di Dio
by Papa Francesco © 2022 Mondadori Libri S.p.A.

The text of this book, originally written in Spanish, was translated into Italian and published for the first time in this language under the title Vi chiedo in nome di Dio by Mondadori Libri, under the imprint of Piemme.
Korean translation copyright © 2023 Catholic Publishing House

프란치스코 교황과 함께하는 희망의 기도

2023년 8월 4일 교회 인가
2023년 9월 14일 초판 1쇄 펴냄
2025년 4월 3일 초판 2쇄 펴냄

지은이 · 프란치스코 교황, 에르난 레예스 알카이데
옮긴이 · 이재협
펴낸이 · 정순택
펴낸곳 · 가톨릭출판사
편집 겸 인쇄인 · 김대영
편집 · 김지영, 강서윤, 김지현, 박다솜
디자인 · 강해인, 이경숙, 정호진
마케팅 · 임찬양, 안효진, 황희진, 노가영

본사 · 서울특별시 중구 중림로 27
등록 · 1958. 1. 16. 제2-314호
전자우편 · edit@catholicbook.kr
전화 · 1544-1886(대표 번호)
지로번호 · 3000997

ISBN 978-89-321-1868-0 03230

값 18,000원

성경 · 교회 문헌 © 한국천주교중앙협의회, 2023

이 책의 한국어 출판권은 (재)천주교서울대교구 가톨릭출판사에 있습니다.
저작권법에 의해 보호를 받는 저작물이므로 무단 전재와 무단 복제를 금합니다.

가톨릭의 모든 도서와 성물, 디지털 콘텐츠를 '가톨릭북플러스'에서 만날 수 있습니다.
https://www.catholicbookplus.kr | (02)6365-1888(구입 문의)

프란치스코 교황과 함께하는
희망의 기도

프란치스코 교황
에르난 레예스 알카이데 지음
이재협 옮김

문헌 약어표

CCC 《가톨릭 교회 교리서》
CDS 《간추린 사회 교리》
EG   프란치스코 교황, 교황 권고 〈복음의 기쁨〉
ES   바오로 6세 교황, 회칙 〈주님의 교회〉
FT   프란치스코 교황, 회칙 〈모든 형제들〉
GE   프란치스코 교황, 교황 권고 〈기뻐하고 즐거워하여라〉
GS   제2차 바티칸 공의회,
     현대 세계의 교회에 관한 사목 헌장 〈기쁨과 희망〉
LS   프란치스코 교황, 회칙 〈찬미받으소서〉
NA   제2차 바티칸 공의회,
     비그리스도교와 교회의 관계에 대한 선언 〈우리 시대〉
PE   프란치스코 교황, 교황령 〈복음을 선포하여라〉
SRS 요한 바오로 2세 성인 교황, 회칙 〈사회적 관심〉

| 들어가는 말 |

저는 지난 10년 동안 교황직을 수행하며 여러분에게 꾸준히 이런 부탁을 드렸습니다.

"저를 위해 기도해 주세요."

매주 수요 일반 알현이나 주일 삼종 기도 후 여러 연설을 통해 반복해서 이 같이 청했지요. 신앙인들은 기도로, 믿지 않는 이들은 긍정적인 기운으로 응답해 주셨고, 그 응답은 제가 교황직을 수행해 나가는 힘의 원천이 됐습니다. 따라서 무엇보다 먼저 여러분에게 감사 인사를 전합니다.

그런데 지금 이 순간 저는 여러분에게 좀 더 '염치없는 사람'이 돼야 할 듯합니다. 사실 지금부터 여러분에게 열 가지 부탁을 하려고 합니다. 다가올 세계를 희망으로 맞이하기 위해 하느님의 이름으로 청하는 열 가지 부탁을 말이죠.

저는 만나는 모든 사람과 그러하듯, 하느님과도 매우 인간적인 관계를 맺고 있습니다. 만약 여러분이 성경을 읽는다면, 하느님과 관계를 맺는 사람들의 다양한 방식을 발견할 수 있습니다. 어떤 경우에는 하느님에게서 멀어지는 사람이 있고, 하느님으로부터 숨으려는 사람도 있으며, 아브라함이 소돔을 구하기 위해 하느님과 '계약'을 맺는 장면처럼(창세 18,22-33 참조) 하느님과 논쟁을 벌이는 사람도 있습니다.

하느님과의 관계는 유아기적 상태에 머물지 않고 나이가 들어감에 따라 열린 마음으로 성숙해질 때 좋은 관계라고 부를 수 있습니다. 이는 날마다 성숙하는 관계이며, 오해나 충돌 뒤에 빚어낼 친교에 열려 있습니다. 저는 하느님과의 관계를 이런 방식으로 만들어 나가고자 노력합니다. 관계에 있어 어두운 순간이 없을 수는 없으니까요.

저는 하느님께서 곁에 계시다는 사실을 압니다. 그리고 하느님께 저만 말하지 않죠. 어떤 때에는 하느님께서 말씀하실 수 있도록 침묵하고 그분의 말씀을 듣습니다. 함께 살아가는 관계는 이와 같지요.

또 어떤 경우, 하느님께서 당신의 방식으로 행동하실 때 저는 하느님을 이해하지 못하기도 합니다. 그럼에도 어쨌든 분명한 한 가지 사실이 있다면, 하느님께서 저를 비롯한 모든 사람과 관계를 맺을 때 친밀함, 연민, 온유한 애정의 방식을 취하신다는 것입니다. 저는 이러한 방식 안에서 하느님과의 관계를 유지하려고 노력합니다.

때로 성사를 집전할 때와 같이 관계에 격식을 갖출 필요도 있습니다. 하지만 이런 공식적인 상황에서도 저는 그 관계가 '형식적'이지 않도록 노력하며, 형식성과 자발성이 조화를 이루도록 노력합니다. 그리고 저는 저만 말하려고 고집을 부리지 않습니다. 침묵 중에 머무르고 묵상하는 시간도 필요하죠.

이와 관련해 어릴 적 읽은 성인전이 제게 참으로 큰 도움이 됐습니다. 성당에 앉아 많은 시간을 보낸 성인은 '어떻게 하느님과 대화를 하나요?'라는 사람들의 질문에 이렇게 답했죠.

"글쎄요, 저도 잘 모르겠어요. 그저 하느님께서 저를 바라보시고, 저도 그분을 바라봅니다."

때로 하느님과의 관계는 이와 같습니다. 성인은 하느님과의 대화에 말이 꼭 필요하지 않다는 사실을 가르쳐 주셨지요. 저는 아직 이 신비의 정점에 다다르지도, 가까이 다가서지도 못했습니다. 그래서 하느님을 향한 열정이 저를 지배하도록 매일 노력합니다.

저는 하느님을 사랑합니다. 하느님께 사랑받고 있다는 체험이 없다면 하느님을 사랑할 수 없습니다. 때때로 당신을 사랑하는 누군가에게 사랑받고 있다는 사실을 느끼지 못하고 감사할 줄 모른다면, 그러한 태도는 인생의 장애물이 됩니다. 사랑받고 있다는 사실을 체험하는 것, 이것이 우리 삶에서 첫 번째로 중요합니다.

지금부터 저는 여러분께 온 인류 가족이 함께 힘쓰도록 불리움받은 열 가지 주제를 소개하고, 각 주제를 심화하는 몇 가지 제안을 하려고 합니다. 여러분 모두를 어떤 변화 과정의 일부로 초대하려 합니다.

인류 역사는 많은 시대의 변화를 겪어 왔지만, 특히 오늘날 세상은 전에 없던 변화가 가득합니다. 여러 연구와 분석이 이를 뒷받침하죠. 오늘날 세계에 대한 이러한 분석은 여전히 우리에게 많은 영향을 끼치는 코로나19 팬데믹과 전 세계에 비극적인 결과를 낳고 특히 유럽의 심장을 강타한 러시아-우크라이나 전쟁 이전에도 이미 나온 진단이었습니다. 오늘날 이 세상이 인류를 위한 열쇠가 될 수 있다는 믿음은 지난 2년 간의 여러 사건으로 인해 완전히 무너져 버렸습니다.

교회 또한 세상의 변화와 유사한 변화의 순간을 지나왔습니다. 주변에서 일어나는 긍정적이거나 부정적인 상황에서 교회가 동떨어져 있지 않기 때문입니다. 제2차 바티칸 공의회의 현대 세계의 교회에 관한 사목 헌장 〈기쁨과 희망〉은 이러한 사실을 매우 잘 설명합니다. 세상이 아파하면, 교회도 세상과 함께 아파합니다. 교회는 세상의 구체적 현실에 자신의 뿌리를 내리고 있기 때문입니다. 그러므로 하느님의 이름으로 여러분에게 청하는 이 요청들은 모든 하느님 백성을 향합니다.

우리가 경험하는 시대의 변화는 몇 년 전까지만 해도 볼 수 없었던 많은 우려를 당면한 과제로 드러냈습니다. 교회 안팎에서 일어나는 모든 형태의 학대와 여성 폭력에 대한 반대도 당면 과제 중 하나라고 할 수 있습니다.

최근 몇 년간 세상을 고통스럽게 만든 이런 변화가 좋든 싫든 우리는 이 시대를 살아가야 합니다. 따라서 현실을 팔짱만 끼고 바라볼 수는 없습니다. 하느님의 이름으로 요청하는 이 열 가지 부탁을 우리 모두 수행하기 위해 가장 먼저 실제 현실을 받아들이고 인정해야 합니다. 노벨 문학상을 받은 버트런드 러셀은 이런 말을 했습니다.

"지혜의 시작은 우리가 어떤 세상을 원하는지가 아니라, 실제 세상을 이해하는 데서부터 시작한다."[1]

세상은 지금 이 순간에도 변화하고 있으며 우리도 새로운 변화에 적응하도록 초대합니다. 새로운 변화에 적응한다는 것은 스쳐가는 유행을 따르고자 평생 믿어 왔던 것, 혹은 평생 지켜 온 신념을 포기한다는 뜻이 아닙니다. 오히려 지금 만들어지는 새로운 세상의 맥락 안에서 신앙이 더욱 중요하고 창조적인 단어라는 사실을 분명히 하도록 준비해야 한다는 말입니다. 예를 들어, 최첨단 통신 기술로 인한 변화가 전 세계 수많은 사람들 일상의 어떠한 측면을 근본적으로 변화시켰는지 살펴야 합니다. 또한 건강과 생명 윤리 측면에서도 인공 지능 A.I.의 등장은 인류의 도전입니다.

많은 사람에게 세상은 더욱 정의롭지 못한 곳, 나아가 더 위험한 곳으로 변하고 있습니다. 인류를 포함한 수많은 종의 생물을 위협하는 기후 온난화와 전쟁 같은 것들 때문에 말이죠. 하지만 바로 인류가 이 상황을 초래했다는 점에서 우리에게는 반드시 이 상황을 회복할 수 있는 역량이 있습니다.

이주민이나 난민 형제자매를 생각해 봅시다. 그들은 우리가 살아가는 이 세상에서 일어나는 특정한 문제로 인해 등장했습니다. 그 문제로 인한 결과의 구체적이고 살아 있는 증인들이죠. 많은 경우 그 이웃들은 그저 조금 더 행복하게 살고 싶다는 유일한 목표를 마음에 품고 가족들과 함께 수천 킬로미터를 횡단합니다. 그들을 향해 마음을 열고 이웃을 위해 온정의 손길을 내밉시다. 지금 고향을 떠나는 이들은 그들이지만, 이러한 일은 우리 중 누구에게라도 일어날 수 있습니다.

하느님의 이름으로 여러분에게 청하려고 하는 이 다양한 현실의 문제를 해결하기 위해서는 한 인류 가족으로서 일치된 공동체의 노력이 필요합니다. 동시에 세계가 직면한 어떤 문제들은 더 큰 책임을 맡은 이들의 진정성 있고 과감한 결단으로만 해결할 수 있다는 데는 의심의 여지가 없습니다. 그러나 이 모든 노력에 있어 우리 각자의 개인적 차원의 변화가 선행되지 않는다면, 풍랑을 헤치고 안전한 항구에 무사히 도착하지 못하리라는 점은 분명합니다.

이런 이유로 저는 스스로를 조직하고 활동하며, 많은 것을 변화시킬 수 있는 역량을 지닌 젊은이들을 크게 신뢰하고 있습니다. 제가 하느님의 이름으로 청할 몇 가지 주제들은 진정으로 보편적인 공동선에 봉사하려는 젊은이들이 반드시 필요합니다. 한 이탈리아 작가는 젊은이들의 역량을 다음과 같이 표현한 바 있습니다.

"젊은이들에게는 윤리 의식이 상실된 정치를 쇄신할 역량이 있습니다. 그들이야말로 공동체적 삶에 색다르고 새로운 의미를 부여할 가능성을 지니고 있죠."[2]

우리 공동의 집인 지구를 보호하는 일을 생각해 봅시다. 최근 여러 나라는 환경 문제에 대해 수동적인 태도를 극복하고 '단잠'에서 깨어나고 있습니다. 하지만 동시에 이런 질문을 하게 됩니다. '우리 각자는 이를 위해 무슨 일을 하고 있는가?' 그저 쓰레기를 재활용한다거나, 물리적으로 가능한 한도 내에서 지구에 덜 해로운 생활 양식을 채택하고 있다는 사실만으로 만족할 수 없는 문제입니다. 우리 스스로 보고 싶은 변화를 우리가 먼저 시작해야 책임을 맡은 이들이 더욱 긴급하게 필요한 조치를 채택하도록 유도할 수 있습니다.

또한 저는 경제와 관련된 주제도 성찰할 것입니다. 내가 납부해야 할 세금은 어떤 수단을 동원해서라도 피하고자 하면서, 병원의 부족한 의료 시설이나 열악한 도로 상황에는 불평하는 일이 합당할까요? 우리는 '위로부터' 시작되는 변화를 요구하지만, 우리 일상의 작은 행동을 통해 변화의 길을 닦아야 합니다.

이 같은 여러 주제와 관련된 우리 현실 진단에 상당히 많이 공감하리라고 생각합니다. 이제 작업을 시작하기만 하면 됩니다. 독일 시인 릴케는 새로운 일에 착수할 때 영감을 주는 다음과 같은 구절을 남겼습니다.

> "이제 눈으로 할 일은 끝났다
> 이제 마음의 일을 시작하라
> 네 마음을 사로잡고 있는 그 일을"[3]

자, 이제 하느님의 이름으로 이 열 가지 요청을 널리 알리는 일에 여러분도 저와 함께해 주시길 부탁합니다.

차례

문헌 약어표 • 4
들어가는 말 • 5

1장

하느님의 이름으로,
교회 내에서 학대 문화가 근절되길 청합니다 • 17

2장

하느님의 이름으로,
우리 공동의 집을 보호할 것을 청합니다 • 37

3장

하느님의 이름으로, 거짓 뉴스에 맞서고
혐오의 악순환을 끊는 언론이 되길 청합니다 • 57

4장

하느님의 이름으로,
공동선에 헌신하는 정치를 청합니다 • 77

5장

하느님의 이름으로,
전쟁의 광기를 멈추길 청합니다 • 101

6장

하느님의 이름으로,
이주민과 난민에게 문이 열리길 청합니다 · **121**

7장

하느님의 이름으로, 사회 내에서 여성의 참여가
장려되고 촉진되길 청합니다 · **143**

8장

하느님의 이름으로, 가난한 나라들의 성장 필요성을
인식하고 그들을 지원하길 청합니다 · **167**

9장

하느님의 이름으로, 모든 이에게 건강에 대한 권리가
보장되길 청합니다 · **191**

10장

하느님의 이름으로, 전쟁을 조장하는 일에
하느님의 이름이 사용되지 않길 청합니다 · **215**

나가는 말 희망의 순례자들 · 238
작가의 말 · 251
주 · 259

1장

✧

하느님의 이름으로,
교회 내에서
학대 문화가 근절되길 청합니다

✦

먼저 용서를 구하지 않고는 이야기를 시작할 수 없습니다. 교회 구성원에게 성 학대 피해를 입은 분들에게는 아무리 참회하고 위로의 말을 전해도 충분하지 않을 것입니다. 정말 큰 잘못을 저질렀습니다. 누구보다 그들을 돌보고 보호해야 할 사람들이 수많은 생명을 유린했습니다. 우리는 이 피해를 회복하기 위해 끊임없이 노력하겠습니다.

우리 교회는 사회 곳곳을 주시하며 이 악惡과 싸우는 일에 단호하게 전념하고 있습니다. 수년간 이어져 온 학대, 은폐, 직무 유기의 문화를 변화시키기 위해 노력하고 있지요. 이 재앙을 뿌리 뽑기 위한 싸움을 이어갈 수 있도록 새로운 규제 조치도 준비하고 있습니다.

과거 교회가 해 왔던 노력은 부족했습니다. 따라서 이러한 범죄가 다시는 반복되지 않고 은폐되지 않도록, 이를 뿌리 뽑을 수 있도록 가능한 모든 힘을 쏟아야 합니다. 학대의 비극을 직면하려는 교회의 분명한 노력은 그 어느 때보다 솔직하고 진지해야 합니다. 이런 자세를 가지고 학대 문제에 대응할 때 비로소 교회는 학대 피해자들과 그 가족, 해당 공동체 전체와 얼굴을 마주하고 앉을 수 있을 것입니다. 그런 다음 우리가 해 온 노력과 앞으로 시행할 변화들에 대해 이야기할 수 있습니다.

이 비인간적인 현상에 대처하기 위해 수년 전부터 적용된 '무관용 원칙'이 약속을 이행하는 나침반이 돼야 합니다. 피해자들과 그 가족의 고통을 우리의 고통으로 여깁시다. 그 아픔에 공감하며 취약한 상황에 처한 아이들과 성인들을 보호하겠다는 약속을 재확인합시다.

이러한 유형의 범죄는 단 한 번, 단 한 건의 사례 그 자체로 매우 추악합니다. 더 이상 이와 유사한 그 어떤 사건도 발생하지 않도록 끊임없이 노력해야 할 것입니다.

우리는 "미성년자에 대한 성 학대의 상처는 안타깝지만 모든 문화와 사회의 역사 안에 만연한 현상이다."[4]라는 말을 하면서 이러한 범죄를 정당화시켜서는 안 됩니다. 교회 내 구성원에 의한 아동 학대는 단순히 끔찍한 범죄의 차원을 넘어 하느님께 해를 가하는 상처가 됩니다.

우리에게는 이러한 범죄를 퇴치하고 발생한 사건을 철저히 조사해야 할 사명이 있습니다. 동시에 겸허한 마음으로 피해자들의 목소리에 귀를 기울이고, 마음을 열어 그들의 치유 과정에 동행하는 일에도 집중해야 합니다. 나아가 교회라는 경계를 넘어 '돌봄의 문화'로 나아가는 일 또한 매우 중요합니다.

이 같은 우리의 활동과 노력은 잠재적 범죄를 예방하는 것을 목표로 삼아야 합니다. 그렇지 않으면 학대 퇴치를 위한 모든 노력과 학대 범죄를 형법으로 처리하려는 모든 추가 조치는 부질없는 일이 되어 버리고 말 것입니다. 따라서 예방은 우리가 나아가고자 하는 새로운 목표에서 중심적인 역할을 해야 합니다.

사회가 우리에게 요구하는 교육적 과제도 남아 있습니다. 학대는 우리 사회 모든 차원에 너무나 만연한 상처이기에 그에 대한 응답도 공동체적 방식으로 이뤄져야 합니다.

따라서 교회 내에서 더 이상 학대가 발생하지 않도록 입을 모아 외치는 일이 중요할 뿐만 아니라, 학대 예방과 퇴치를 위해 교회 밖으로 나가 모든 공동체와 긴밀히 협력해야 합니다. 모든 경계를 넘어선 돌봄의 문화 또한 복음화입니다.

교회인 우리는 아이들을 보호하는 일에 충분한 역할을 하지 못했습니다. 이로써 아이들은 여러 비극적 상황에 노출되었고, 교회 기관의 지붕 아래 있는 수많은 아이들이 심각한 문제의 희생자가 됐습니다. 하지만 이러한 상황은 교회가 이 잔혹한 범죄에 맞서기 위해 사회에 공헌해야 한다는 인식과 책임감을 갖도록 자극했습니다.

미성년자와 힘없는 성인에 대한 학대의 결과는 피해자들에게 수년 동안 지속적으로 고통을 줍니다. 저는 이러한 범죄를 "심리적 살인"[5], 곧 정신 건강을 회복할 수 없게 하는 살인이라고 언급한 바 있습니다. 심리적 살인은 유년 시절의 즐거움과 배움을 위한 인생의 소중한 계절을 지워 버리며, 신체적, 심리적, 영적 피해를 줍니다.

우리의 잘못 중 하나이자, 아마도 가장 큰 잘못은 피해자들의 이야기와 고발에 귀를 기울이지 않았다는 점입니다.

따라서 우리가 새롭게 걷고자 하는 이 여정에서 교회는 골고타 언덕(피해자들이 걸어온 길)을 넘어온 이들에게 주된 역할을 맡기려고 합니다.

미성년자에 대한 학대는 많은 경우 고발되지 않으며, 특히 친밀한 관계 안에서 일어난 범죄는 신고되지 않습니다. 이와 관련해 이렇게 말씀드린 바 있습니다.

"사실 피해자들은 좀처럼 털어놓거나 도움을 구하지 않습니다. 이 같은 망설임 뒤에는 수치심, 혼란, 복수에 대한 두려움, 죄책감, 제도에 대한 불신, 사회·문화적 비난이 자리하고 있으며, 도움을 받을 수 있는 기관이나 단체에 대한 부족한 인식에서 비롯되기도 합니다. 이 모든 괴로움은 피해자들을 고통스럽게 하며, 결국에는 스스로 목숨을 끊도록 몰아세우거나, 때로는 다른 이에게 똑같이 하면서 자신이 받은 상처를 앙갚음하도록 이끕니다."[6]

따라서 교회 내 구성원에게 학대를 당한 모든 피해자가 증언을 하는 데 안전하다고 느낄 수 있도록 더 나은 상황과 조건을 마련할 필요가 있습니다. 곧 피해자에 대한 보호를 보장하는 기관을 창설하고 피해자들에게 2차 가해가 일어나지 않도록 하는 일이 중요합니다. 법적 소송 단계에서나 매일의 일상 모두에서 피해자들과의 영적·인간적 동반을 보장해야 합니다.

동시에 미성년자나 힘없는 성인들과 자주 만나는 이들이 학대가 피해자에게 지울 수 없는 상처를 남긴다는 사실을 유념하도록 교육하고 훈련해야 합니다. 도움 요청에 응답하는 올바른 자세는 학대를 당한 이들의 숨 막히고 소리 없는 외침이 드러나기만을 기다리는 일이 아닙니다. 감정이 폭발하거나 도움을 요청하는 수많은 징후를 미리 파악하려는 자세가 올바른 응답의 자세입니다. 가끔은 그들의 말을 듣고 싶지 않았기 때문이 아니라 어떻게 듣는지를 몰라서 듣지 못한 적도 있습니다. 따라서 교회 기관 내에서 자격 있는 이들을 양성하는 활동을 통해 이런 문화 또한 고쳐 나가고자 합니다.

학대를 당한 이들과 동행하기 위해서는 이런 종류의 범죄와의 싸움에 대해 쇄신되고 통합된 기초를 마련해야 합니다. 교회 공동체 내에서 책임 있는 역할을 맡은 모든 사람은 누구랄 것 없이 피해자와 그 가족을 존중하고 존엄하게 대하도록 힘써야 합니다.

> "누구든지 이런 어린이 하나를 내 이름으로 받아들이면 나를 받아들이는 것이다."(마태 18,5)

우리가 피해자들과 동행하고 그들의 목소리를 경청하는 일은 학대를 예방하고 퇴치하는 새로운 문화의 주춧돌을 만들어 세우는 것입니다. 피해자의 무고함을 존중하고 그들이 거리로 내몰리지 않도록 보장하는 일 또한 우리가 건설하고자 하는 새로운 문화의 한 축입니다.

이와 동일한 관점이 학대 범죄로 기소된 이들을 바라보는 시선에도 영향을 줍니다. 정의의 판결이 내려지기까지 우리는 관련된 모든 이에게 합당한 소송 과정이 보장돼야 한다는 사실을 잊어서는 안 됩니다. 이런 끔찍한 범죄에 있어서도 '무죄 추정의 원칙'을 무시할 수 없습니다.

압도적인 증거와 확고한 증언들이 한 사람의 범죄를 명백하게 가리키는 경우라도 변호에 대한 권리는 보장돼야 합니다.

교황청 신앙교리성은 학대 가능성에 대해 고소한 건은 신원이 불분명하거나 익명으로 제보된 경우라도 '입증되기 전에a priori' 기각해서는 안 된다고 권고했습니다. 신고자의 익명성이 자동으로 허위 추정이라는 결과로 이어져서는 안 되지만, 이 같은 방식으로 제기된 고소도 신중하게 받아들여져야 합니다.

신고자의 서명이 없다는 이유만으로 이러한 제보를 무시해서는 안 된다는 사실에 동의합니다. 그러므로 학대에 대한 고발과 신고를 접수받는 담당 부서의 식별력이 매우 중요합니다. 특정 고발이 즉각 받아들여져서도 안 되지만 입증되기 전에 기각해서도 안 됩니다.

우리는 피해자들이 도움을 청하거나 신고할 수 있는 적절한 채널이 필요하듯, 그들만의 시간과 공간이 필요하다는 사실도 잘 알고 있습니다. 그러므로 허위 신고를 통해 이러한 범죄가 하찮게 여겨지지 않도록 교회 내에서 많은 노력을 들여 '험담하는 문화'에 반대합시다. 혹은 비방하기 위해 거짓 서류를 날조하는 일에도 반대합시다.

이러한 것들은 교황청 내에 학대 퇴치를 위해 도입된 다양한 규범적 변화에 대한 지침으로 유념하는 원칙입니다.

우리는 또한 단순한 법적 조치만으로는 충분하지 않으며, 이 같은 범죄의 예방과 퇴치를 위해서는 교육을 통해 행동하는 일이 필요하다는 사실을 알고 있습니다. 하지만 그렇다고 해서 교회법을 엄격하게 적용하는 순간에 망설일 것이라는 의미는 아닙니다.

2022년에 반포한 교황령 〈복음을 선포하여라*Predicate Evangelium*〉를 통해 신앙교리부(前 신앙교리성) 산하 '미성년자보호위원회'가 공식적인 교황청의 한 부서로 신설됐습니다. 이 조직의 중요한 활동에 부여된 제도적인 부분은 위원회 구성원의 행동이나 생각의 자유를 제한하려는 것이 아니라, 수행되는 모든 작업에 중요성을 부여하고 미래에 대한 희망을 간직하면서 학대와의 싸움을 위한 더 나은 도구를 마련하는 데 있습니다.

최근 우리는 성 학대 범죄를 다루는 교회법전 제6권을 개정하며 법을 분류하는 틀을 새롭게 마련했습니다. 성직자에 의한 학대 사건의 경우, 과거에는 '특별 의무를 거스르는 범죄'라는 교회법 조항에서 다뤘지만, 2021년부터는 더 통

합적인 관점에서 '인간의 생명과 품위와 자유를 거스르는 범죄'라는 조항에서 다루게 됐습니다.[7]

우리는 사건을 판단하고, 예방하고, 퇴치하는 도구를 개선하기 위해 개혁 작업에 착수했습니다. 이 개혁의 목표는 아이들과 취약 계층의 권리와 필요 사항을 존중하고 이를 인식하는 교회 공동체를 건설하는 것입니다. 특히 전체 성직자, 축성 생활회 회원, 평신도가 관련 당국에 학대를 보고해야 한다는 인식을 더 강하게 가져야 함을 다시 확인했습니다.

2019년부터 교황청 꾸리아 내 모든 구성원, 관료, 직원뿐 아니라 교황청 외교부 및 행정부와 사법부의 모든 관계자와 직원들은 업무 중 미성년자 혹은 취약 계층이 어떠한 유형의 학대라도 피해자가 되었다는 소식이나 합리적 근거가 있는 소문을 들었을 경우 바티칸 시국의 '사법정의증진담당자'에게 즉각 신고해야 할 의무가 제정됐습니다.

또한 교황청 내 모든 이, 교황청 관련 기관의 모든 이를 위해 아동 및 취약 계층의 착취, 성 학대, 부당한 대우와 관련해 다양한 교육 프로그램이 생겼습니다. 또한 같은 정신 안에서 성 학대 퇴치를 위한 싸움에 있어 피해자를 중심으로 하고 예방을 최우선 목표로 삼는다는 비전을 제시하려는 의도로, 교황청 및 바티칸 시국 전 직원을 채용하는 과정에서 미성년자 및 취약 계층과의 소통 역량에 대한 지원자의 적합성을 입증하는 절차가 생겼습니다.

다시 한번 반복해 말하지만, 피해자들의 목소리가 학대와의 투쟁에 숨결을 불어넣습니다. 그리고 우리는 상처가 낫는 데 시간이 걸리듯 이들의 목소리가 드러나기 위해서는 시간이 필요하다는 것을 알고 있습니다. 이러한 이유로 우리는 학대 사건이 20년 뒤에도 공소 시효가 만료되지 않는 규정을 마련했습니다. 정의를 위한 시간이 피해자에게 맞춰 돌아가야지, 그 반대가 되어서는 안 됩니다.

동시에 이러한 유형의 범죄는 신고 후 신속한 조치가 필요합니다. 증거가 인멸되거나 증인이 조작되는 일을 허용해서는 안 됩니다. 이를 위해 정당하지 않은 이유로 보고를 누락하거나 지연시키는 사람에 대해 최대 5,000유로의 벌금 또는 최대 6개월의 징역에 이르는 처벌이 도입됐습니다.

우리는 이 같은 범죄를 예방하고, 범죄를 저지른 이를 처벌하기 위해 멈추지 않고 필요한 모든 일을 할 것입니다. 이미 저질러진 범죄를 부끄러운 마음으로 바라보면서 우리 교회는 앞으로 그 누구도 미숙함이나 서투름으로 인해 피해를 당하지 않도록 하기 위해 새롭게 식별하는 방법을 찾고 있습니다. 사회 전체를 아프게 한 이 상처가 너무나 심각하기 때문에 학대 퇴치를 위한 싸움에 교회는 끊임없이 헌신할 것입니다.

우리는 기도의 힘 안에서 식별하며 행동하기 위한 열쇠를 간직하고 있습니다. 새로운 지평 안에서 언제나 정의의 시선을 간직하며, 단지 과거의 잘못을 보상하고 언론의 압력을 피하기만 하려는 '강 건너 불 보듯' 하는 자세에서 벗어나야 합니다. 우리는 피해자를 희생시키는 제도를 보호하려는 방어적·반동적 기제를 버려야 합니다.

이런 의미에서 2016년부터 우리는 학대 사건과 관련해 직무를 소홀히 한 주교를 해임하는 법령을 제정했습니다. 이에 따르면 주교가 자신이 직접 연관된 학대 사건만이 아니라 조사를 방해하거나 지연시키기 위해 시도하는 일 또한 해임의 대상이 됩니다. 이 같은 법령 제정과는 별도로 학대와 맞서 싸우기 위해 헌신하는 일은 교황이나 교황청 각 부서 책임자들, 교회 법령을 강화하는 교회법 학자들만의 임무가 되어서는 안 됩니다. 너무나 많은 이가 입은 피해의 심각성을 감안할 때 전 세계적이고 공동체적 차원에서 학대 문제에 대응해야 합니다. 교회의 한 구성원으로서뿐만 아니라, 전 세계 인류 가족의 한 구성원으로서 말입니다.

어떤 조직이든 '아래로부터, 내부로부터' 진정한 변화가 시작됩니다. 우리는 모두 공동체 내에서 학대를 근절하고 교회와 사회의 진정한 변화를 시작하기 위해 함께 걸어가도록 사명을 받았습니다. 이는 목자들, 수도자들, 축성받은 이들만이 걸어가야 할 길이 아닙니다. 이 현실을 근본적으로 변화하기 위해서 교회의 모든 구성원이 한 목소리로 힘을 합쳐야 합니다.

어머니인 우리 교회는 이 도전에 맞서도록 당신의 자녀인 우리 모두를 초대합니다.

"사실 오늘날에도 아동 학대에 대한 가족의 첫 번째 반응은 모든 것을 덮고 숨기려는 것입니다. 다른 기관들, 심지어 교회에서도 이런 경향이 여전히 존재합니다. 우리는 모든

것을 덮고 숨기려는 이 오래된 관행에 맞서야 합니다."⁸

세례받은 우리는 이 공동의 전투에서 우리 형제자매들의 행동에 주의를 기울여야 합니다. 학대를 은폐하는 일을 계속해서 묵인할 수 없습니다.

사목적·교육적 책임을 맡은 기관을 비롯한 교회의 모든 기관은 학대 퇴치 문제에 있어 최전선에 서야 할 사명이 있습니다. 오직 모든 하느님 백성이 예방적 동맹에 참여할 때만이 성적 학대, 정서적 학대, 권력 남용의 학대를 비롯한 모든 형태의 학대의 근원인 죽음의 문화를 뿌리 뽑을 수 있습니다.

> "한 지체가 고통을 겪으면 모든 지체가 함께 고통을 겪습니다."(1코린 12,26)

바오로 사도의 이 구절은 우리 모두가 멈추지 말고 학대의 참상에 대항해 싸우도록 부르심받았다는 사실을 떠올리게 합니다. 지난 2022년 캐나다 사도 순방에서 저는 주교단, 사제단, 부제단, 축성 생활자들, 신학생들, 사목위원들과 만난 자리에서 다음과 같이 이야기했습니다.

"캐나다 교회는 몇몇 자녀들의 악행에 의한 상처를 품고 이제 새로운 여정을 시작했습니다. 저는 특히 미성년자와 취약 계층을 대상으로 자행된 성적 학대는 강력한 행동을 요구하고 피할 수 없는 투쟁을 요청한다고 생각합니다. 저는 여러분과 함께 다시 한번 모든 피해자에게 용서를 청합니다. 우리가 만들어 낸 모든 아픔과 수치스러운 사건은 회심의 기회가 되어야 합니다. 두 번 다시 이런 일이 일어나서는 안 됩니다! 원주민 형제자매들과의 치유와 화해의 여정을 생각하며 말씀드립니다. 그리스도교 공동체가 다른 문화와 비교해 우월한 문화가 있다는 착각, 다른 이에게 강제력을 사용하는 것이 합법적이라고 생각하는 착각에 다시는 물들지 말길 바랍니다."[9]

오늘날 세계의 역동성은 우리에게 끊임없는 교육과 예방 활동을 요구합니다. 교회가 역사적으로 직면해야 했던 여러 형태의 성적 학대, 권력 남용의 학대, 정서적 학대 문제가 이제는 과학 기술의 발전으로 새로운 도전을 맞고 있습니다.

오늘날 미성년자를 보호하는 일에 있어 그들이 사는 환경과 그들이 사용하는 새로운 매체를 고려하여 그들을 위협하는 성적 학대 및 여러 공격이 새로운 형태를 띠는 것을 알아차려야 합니다. 이미 가스라이팅, 아동 성 착취물 제작 및 소유, SNS를 통한 미성년자와 취약 계층 성매매 등의 문제가 새롭게 나타났습니다.

선한 의지를 지닌 전 세계의 형제자매 여러분, 미성년자를 대상으로 한 학대는 전 세계적으로 자행되며 사회의 모든 계층에 침투했습니다. 이 거대한 악 앞에서 어떤 기관도 혼자서는 이 같은 종류의 범죄와 맞서 싸울 수 없다는 것이 명백하게 드러났습니다. 그 무엇보다 우리 양심 안에서 '두 번 다시는 이런 일이 일어나서는 안 된다!'라고 말하는 변화가 일어나지 않는다면, 그 어떤 입법과 처벌의 강화도 의미가 없습니다. 용서를 구하는 것만으로 결코 충분할 수 없지만, 우리는 무관용 원칙을 계속하겠다고 피해자들에게 약속합니다. 그리고 성적 학대, 권력 남용의 학대, 정서적 학대와 같은 죽음의 문화에 계속해서 맞서 싸울 것을 하느님의 이름으로 저는 모든 이에게 청합니다.

우리가 만들어 낸 모든 아픔과 수치스러운 사건은

회심의 기회가 되어야 합니다.

모든 형태의 학대가 반복되지 않도록,

죽음의 문화에 맞서 싸울 것을

하느님의 이름으로 청합니다.

2장

하느님의 이름으로,
우리 공동의 집을 보호할 것을
청합니다

지구는 위험에 처해 있습니다. 지난 수십 년간 우리는 탐욕의 시스템 아래서 살아왔습니다. 이 시스템은 수백만 인류를 삶의 끝자락으로 내몰았을 뿐 아니라, 전에는 결코 볼 수 없었던 피해로 우리 공동의 집이자 어머니인 땅을 짓밟았습니다.

욕심과 탐욕에 기반한 사회 경제적 패러다임 또한 소비와 낭비의 리듬을 유지하기 위해 자연을 약탈하는 문화에 협력했습니다. 오직 소수만을 위한 통제되지 않는 소비주의 문화에 대한 대가로 많은 이들이 변방으로 쫓겨났고, 자연환경에 대한 돌이킬 수 없는 위협적인 공격이 이뤄졌습니다.

저는 하느님의 이름으로 우리 공동의 집 지구를 보호하고 지킬 것을 청합니다. 모든 생명이 위험에 처해 있지만 지금이라도 즉시 필요한 행동을 시작한다면 우리에게는 아직 시간이 있습니다. 젊은이들이 이 약탈적 모델에 대항하는 시위에서 외치는 인상적인 슬로건을 저도 함께 외칩니다.

"행성 B는 존재하지 않는다!"

또한 대규모 기업들, 특히 광산업, 석유 산업, 임업, 부동산업 및 농기업들에게 삼림, 습지, 산을 파괴하는 행위를 중단할 것을, 강과 바다를 오염시키는 행위를 중단할 것을, 주민들과 식량의 건강을 위협하는 행위를 중단할 것을 요청합니다.[10]

회칙 〈찬미받으소서〉에서 언급한 위험을 다시 한번 강조합니다.

"현재의 추세가 지속된다면, 21세기에는 예사롭지 않은 기후 변화와 전례 없는 생태계 파괴로 우리 모두에게 심각한 결과가 초래되는 것을 목격하게 될 것입니다."(LS 24항)

평화롭게 산다는 것은 또한 우리 지구와 조화롭게 산다는 것을 의미합니다. 이에 대한 교회의 교리는 다음과 같습니다.

"환경 보호는 온 인류의 과제이다. 그것은 공동의 보편적인 의무, 곧 공동선을 존중할 의무의 문제이다. 공동선은 모든 사람을 위한 것이며, 생명이 있는 것이든 없는 것이든 — 동물, 식물, 자연 요소들 — 다양한 종류의 사물을 인간이 자기 원대로만, 자기의 경제적인 필요에만 의거하여 사용하는 것을 금지한다."(CDS 466항)

우리 공동의 집에 대한 이 같은 끊임없는 공격의 결과들이 이제 가시적으로 코앞에 다가왔으며, 몇몇 심각한 결과는 즉시 행동하지 않으면 돌이킬 수 없는 지경에 이르렀습니다. 생물 다양성의 손실, 환경 파괴, 지구 온난화는 우리 행동의 피할 수 없는 결과 가운데 하나입니다. 왜냐하면 우리는 지구가 감당할 수 있는 것보다 더 많은 지구 자원을 탐욕스럽게 소비했기 때문입니다.

멸망으로 가는 시스템을 유지하려는 천연자원을 향한 이 같은 탐욕 속에는 엄청난 불공정과 불의 또한 내재되어 있습니다.

환경 문제에 있어서 생각해야 할 또 다른 주제는 이 같은 행위로 가장 많은 피해를 입는 이들이 가장 가난한 이들이라는 사실입니다. 해안 지역의 불안정한 임시 거주지에서 살거나 식량을 자급자족하거나 식수를 쉽게 구할 수 없는 이들 말입니다. 반면 지구의 천연자원을 가장 많이 필요로 하고 낭비하는 나라는 선진국입니다. 우리는 환경 파괴를 목격하며 피조물이 마음대로 처분할 수 있는 재산이 아니라는 사실을 반드시 기억해야 합니다. 천연자원을 소수가 독점하고 있다는 사실을 5개 대륙 전체가 인식하는 일이 중요합니다. 천연자원은 하느님께서 우리에게 주신 놀라운 선물입니다. 모든 이의 유익을 위해 언제나 존중하고 감사하는 마음으로 사용하며 돌보라고 주신 것이지요.

지구를 보호하는 일은 단순히 환경 문제에 그치지 않으며, 윤리적 명령이기도 합니다.

환경 파괴의 원인과 결과를 논의하는 정상 회담에서 구체적이고 지속적인 조치가 논의되지 않고 그저 잡담으로 흐르고 마는 경향을 우려하는 전문가들의 목소리가 있습니다. 환경 문제에 대응하기 위해 범국가적 지도부는 대담한 결정을 내려야 합니다. 전문가들은 어떻게 일부 집단이 자신들의 이익을 끝까지 관철하기 위해 국가와 국제기구에 압력을 가하며, 끊임없이 피조물을 파괴하는 일이 가능한지 역설합니다.

다른 한편으로 어떤 특정 분야에 있어서는 높이 평가할 만한 진전이 이루어졌다는 사실을 인정할 필요가 있습니다. 예를 들어 유럽의 몇몇 정부는 공공 및 민간 기업에 예산을 지원하기에 앞서 탄소 배출 감소와 같이 환경 분야에 있어 구체적인 목표와 이행을 조건으로 설정했습니다. 또한 화석 연료 소비를 줄이는 각 가정을 대상으로 에너지 전환 보조금 지급을 장려합니다.

공동의 집을 수호하고 보호하는 일은 용기와 결단력이 필요합니다. 과학계는 선진국이 지금 당장 생활 방식을 바꾼다 할지라도, 이미 상황이 어느 정도 심각했던 지난 세기 말로 돌아가는 데에는 몇 년이 걸릴 것이라고 한목소리로 이야기합니다.

지구는 우리보다 먼저 존재했으며, 인류에게 맡겨졌습니다. 나아가 《간추린 사회 교리》는 인류에 대해 다음과 같이 말합니다.

"인간은 마치 땅에는 그 자체의 필요조건들이나 하느님께서 부여하신 목적이 없는 것처럼, 인간이 발전시킬 수는 있어도 배반하면 안 되는 그 땅을 무제한 임의로 사용하고, 자신의 의지에 종속시켜서는 안 된다."(CDS 460항)

'한정적인 부'의 축적과 소비를 기반으로 하는 문화에 매몰되도록 유도하는 오늘날의 시스템에서 우리는 그저 부의 관리자일 뿐이라는 사실을 기억해야 합니다. 우리는 피조물의 주인이 아니며 우리의 이익과 영리를 위해 무차별적으로 피조물을 이용할 권리가 없습니다.

행동해야 할 때는 내일이 아니라 오늘 이 순간입니다. 그 결과는 미래가 아닌 현재에 영향을 미칩니다. 환경을 보호하는 일은 우리가 마주해야 할 가장 시급한 과제 중 하나입니다.

우리에게는 분명한 변화를 만들고 다른 방향으로 갈 기회가 있습니다. '버리는 문화'를 지나 '돌봄의 문화'로 나아갈 수 있습니다. 공동의 집을 돌보는 일은 인류 가족 전체를 돌보는 일이며, 또한 우리 자신을 돌보는 일입니다. 우리는 지구와 지구에 서식하는 모든 피조물과 함께 조화로운 생활 방식을 위한 진정한 회심으로 초대받았습니다.

이 회심은 우리 각자의 작은 변화를 필요로 하며 그 변화는 각자의 집에서부터 시작할 수 있고, 시작해야만 합니다. 또한 사회 여러 분야에서 큰 책임과 역할을 맡고 있는 이들에게도 변화가 요청됩니다.

모든 이의 선익을 위해 각 정부는 인류가 직면한 가장 중요한 임무 중 하나를 주도해야 합니다. 우리는 정부에게 가능한 빨리 지구의 평균 기온 상승을 제한할 수 있는 조치를 채택하고 단호한 행동을 장려할 것을 강력히 요청합니다. 이를 위한 국제적 협력 강화는 물론이고요.

오늘 당장 시작할 수 있는 다양한 절차적 과제가 있습니다. 청정에너지로의 전환 촉진, 숲과 생물 다양성을 보존하는 지속 가능한 토지 이용 관행 채택, 환경과 지역 문화를 존중하는 식품 시스템 장려, 기아와 영양실조 퇴치 싸움 지속, 지속 가능한 생활 양식, 소비 방식, 생산 방식의 지원 등이 있습니다. 이 같은 목표는 엄청난 노력을 기울여야 달성할 수 있습니다.

이 가운데 청정에너지 전환이라는 과제는 특별한 위치를 차지합니다. 왜냐하면 청정에너지 사용 증가와 관련해 그 원천에 대한 접근이 전 세계적으로 여전히 미약한 수준이기 때문입니다. 따라서 가능한 평등한 방식으로 인류에게 제공될 수 있는 합리적 에너지 저장 기술을 개발해야 하는 문제가 남아 있습니다. 더 발전한 국가가 도달한 기술을 극빈국이 사용할 수 있도록 지식, 기술, 자원을 전수하는 일이 동반된다면 모든 이에게 유익한 일이 될 것입니다.

코로나19 감염병의 전 세계적 대유행은 모든 이들 사이에 상호 연결성이 존재한다는 사실을 다시 한번 드러냈습니다. 이 상호 연결성은 무관심의 세계화를 가속화하거나 반대로 더 큰 글로벌 연대를 촉진할 수 있습니다. 이 환경 위기에서 벗어나는 방법을 선택하는 것은 우리에게 달려 있습니다. 매우 시급하고 필수적인 변화일지라도 약한 이들이나 취약 노동 계층이 많은 극빈국에 부정적인 영향을 끼치지 않도록 주의해야 합니다. 생태적 회심은 노동력을 줄이기 위한 구실이 될 수 없으며, 이를 위한 구실이 되어서도 안 됩니다.

이 전환이 우리를 보다 공정하고 지속 가능하며 연대하는 사회 계약으로 이끌어야 합니다. 우리에게는 지구 자원을 낭비하지 않고 생산하기 위한 더 많은 순환 프로세스, 상품을 분배하는 보다 공정한 방법, 보다 책임 있는 소비 행동이 필요합니다. 지속 가능하고 통합적인 발전을 추구하는 인류 가족을 하나로 모을 수 있다면 우리 모두 변화의 주체가 될 수 있습니다. 우리가 마주한 과제를 해결하는 데 도움을 주는 세 가지 단어는 헌신, 책임, 연대입니다.

젊은이들은 우리가 짊어진 책임의 대상일 뿐만 아니라, 이미 많은 사례에서 그들이 보여 주었듯 공동의 집 훼손을 억제하는 해결책으로 우리를 이끄는 스승이기도 합니다.

환경과 관련한 주제에 있어 저는 젊은이들 안에 저와 같은 세대이기도 한 그들의 조부모나 부모에게는 없는 책임, 창의성, 회복 탄력성이 있음을 봅니다. 이제 우리의 잘못으로부터 그들이 배울 것만을 요구하지 맙시다. 우리의 잘못을 그들이 바로잡을 필요가 있습니다.

이를 위해 젊은이들이 우리에게 나아갈 길을 보여 줄 필요가 있습니다. 우리와 전 세계의 지도자들에게도 말이죠. 그들이 거리로 나와 비판하고, 움직이고, 무엇보다 변화에 생명을 불어넣길 빕니다.

어른들의 말과 젊은이들의 행동 사이에 고결한 조화가 필요합니다. 그들의 열정과 책임은 우리에게 희망이 헛된 망상이 아니며, 평화는 언제 어디서나 이뤄낼 수 있는 좋은 것이라는 사실을 끊임없이 알려 줍니다.

우리 공동의 집에 우리가 남긴 많은 상처 가운데 무엇보다 눈에 띄고 돌이킬 수 없는 상처는 생물 다양성의 상실입니다.

멸종 위기종 목록은 매일매일 증가합니다. 저는 동물만 우려하는 것이 아닙니다. 환경 균형을 유지하는 데 핵심적인 역할을 수행하며 생명의 토대가 되는 모든 생태계 종이 위기에 처해 있습니다. 따라서 우리에게는 진지하게 환경 평가를 실시하려는 회심이 필요합니다. 세계에서 가장 취약한 생태계를 파괴하고 오염시키는 추출 산업, 에너지 사업, 목재 산업 등 환경을 파괴하는 사업에 착수할 때, 진지한 환경 평가를 통한 제재가 요청됩니다. 예를 들어 아마존에서는 새로운 경제적 프로젝트의 탐욕스러운 소용돌이 속에서 국가와 기업 간의 공모를 통해 모든 인간적 삶의 형태가 소멸되고 있습니다.

저는 우리가 보편 가톨릭 교회로서 환경과 생태학을 거스르는 죄, 공동의 집을 훼손하는 생태적 죄악을 교리로 도입해야 한다고 생각합니다. 이것은 당연한 일이기 때문입니다. 저는 범아마존 지역 시노드에 참석한 신부님들이 이와 관련된 문제를 다뤘다는 사실에 매우 기뻤습니다. 특히 당시 회의에서는 생태적 죄악을 '하느님과 이웃과 공동체와 환경을 거스르는 행위 혹은 태만'[1]으로 정의하길 제안했습니다.

최근 50년 동안 선임 교황님들께서도 우리 지구의 급격한

황폐화와 인류의 태만을 주제로 자주 훈계하셨습니다. 바오로 6세 성인 교황님은 50여년도 더 전에 이미 인류의 무절제한 활동, 자연의 무분별한 착취의 비극적 결과로 인한 환경 위기를 지적하면서, 인간 스스로 자연을 불법 사용함으로써 자연을 파괴할 위험에 직면하고 인류가 도리어 타락의 희생물이 될 위험에 대해 경고하신 바 있습니다.[12] 21세기의 교황님이신 요한 바오로 2세 성인 교황님 또한 "전 세계의 생태적 회심"을 강조하셨으며, 베네딕토 16세 교황님은 "자연환경에 대한 존중을 보장하지 못하는 성장 모델을 수정할 것"[13]을 지적하신 바 있습니다.

한 가지 분명한 것은 이 같은 죄악은 무엇보다 미래 세대에 영향을 미친다는 사실입니다. 무절제하고 무분별한 방식으로 지구를 위협하는 이들은 선한 그리스도인이 아닙니다. '생태살해ecocide'는 인류와 평화를 거스르는 범죄라는 사실을 국제사회 안에서 인식해야 합니다.

교회의 사회 교리가 지니는 역사적 지위를 돌아보는 일은 이 문제를 다루는 데 많은 도움이 됩니다. 《간추린 사회 교리》 463항은 다음과 같이 설명합니다.

"환경에 대한 올바른 이해는 자연을 단지 조종하고 착취할 대상으로 격하시키는 공리주의적 시각을 막아 준다. 그러나 한편 자연을 절대화하고 인간 자신의 존엄 위에 두는 태도도 삼가야 한다. 후자의 경우, 지나치면 자연이나 대지를 신격화하는 지경에 이를 수 있다. 그러한 태도는 일부 환경 운동 단체들에서 쉽게 볼 수 있는데, 그들은 자신들의 신념을 위하여 국제적으로 보장된 제도적 지위를 얻고자 애쓴다."(CDS 463항)

교회가 관심을 두는 부분 중 하나는 '공동의 집에 대한 존중과 인간 활동을 어떻게 조화시킬 것인가' 하는 문제입니다. 이와 관련해 한 극단에서는 "발전이라는 신화를 맹목적으로 믿으며, 생태 문제는 윤리적 성찰이나 커다란 변화 없이도 단순히 새로운 기술의 적용으로 저절로 해결될 것이라고 말하는 이들"이 있고, 또 다른 극단에서는 "인간과 그 개입이 위협이 될 뿐이라서 지구 전체의 생태계를 위협하므로 지구에서 인간이 차지하고 있는 자리를 줄이고 모든 개입이 금지되어야 한다고 주장하는 이들"이 있습니다(LS 60항 참조). 이 같은 양극단의 적대적인 모습을 극복하려는 노력이 필요합니다.

환경 문제의 원인은 매우 복합적이며 그 결과 또한 예측할 수 없이 다양하기 때문에 그 해결은 여러 전문 분야의 진지한 대화를 통해 통합적으로 대응해야 합니다. 따라서 저는 언제나 건설적인 대화를 통해 문제를 올바로 파악할 수 있는 성찰을 강조하며 다시 한번 말합니다.

> "현실성 있는 미래 계획은 이 두 가지 극단적인 관점에서 중용을 취한 것이어야 합니다. 해결 방법이 오직 하나만 있는 것은 아니기 때문입니다."(LS 60항)

오늘날 환경 문제와 관련된 진단은 넘쳐나지만 그에 대한 구체적인 답변은 많지 않습니다. 따라서 저는 회칙 〈찬미받으소서〉를 통해 "광범위하고 책임 있는 과학적·사회적 토론이 이루어져야 합니다. 모든 가능한 정보를 고려하고 솔직하게 대화할 수 있어야 합니다."(LS 135항) 하고 이야기한 바 있습니다. 또한 정치적, 경제적, 이념적인 이유로 인해 적합한 절차를 발전시키는 데 필요한 정보를 왜곡할 수 있는 특정 이해관계를 제거하는 역량이 필요합니다.

이러한 행동의 틀 안에서 생태계와 사회 시스템이 단절되지 않는 통합적 해결책을 찾는 작업이 근본적으로 요구됩니다. 우리는 환경 위기와 사회 위기, 별도의 두 위기가 아니라 사회적인 동시에 환경적인 복합적 위기를 마주하고 있습니다. 따라서 한편으로는 사회적 측면을 고려하는 동시에 다른 한편으로 환경적 비용을 고려하는 복합적인 방식으로 이 위기를 마주해야 합니다.

"그 해결책을 위한 전략에는 빈곤 퇴치와 소외된 이들의 존엄 회복과 동시에 자연 보호를 위한 통합적 접근이 요구됩니다."(LS 139항)

이러한 방향성을 위해 아마존과 같은 지역에서 살아가는 많은 원주민이 갖고 있는 '행복한 삶'에 대한 철학이 생각납니다. 행복한 삶의 철학이란 "자연과, 인류와, 초월적 존재가 모두 함께 조화를 이루며 살아가는 삶"[14]을 추구하는 모습입니다. 피조물과 서로 존중하는 관계를 상징하는 이 같은 삶의 철학은 경우에 따라 수 세기에 걸쳐 이어 내려왔습니다. 이 철학을 간직한 민족은 지구를 경제적 유익이 아니라 하느님의 선물이자 선조들이 남긴 선물로 여기며, 그 안에서 쉼을 영유하는 거룩한 장소, 자신들의 정체성과 가치를 지탱하기 위해 상호 작용해야 하는 장소로 인식합니다. 하지만 저는 이러한 자세를 "달콤한 삶" 혹은 "달콤한 게으름"과 혼동해서는 안 된다고 강조한 바 있습니다.[15]

원주민들의 체험과 그들이 어머니인 지구와 맺는 관계를 주의 깊게 바라봐야 하는 이 기본적 틀은 복합적이고 심오한 사회 환경적 위기를 마주한 우리에게 다음과 같은 사실을 경고합니다.

"여러 형태의 철저한 환경 착취와 파괴는 지역 공동체의 생계 수단을 고갈시킬 뿐만 아니라, 문화적 정체성과 더불어 생존과 공동생활의 의미를 오랫동안 보존해 온 생활 방식을 가능하게 해 주는 사회 구조들을 망가뜨리기도 합니다."(LS 145항)

그러므로 우리는 피조물에 대한 관심과 존중을 보여 주는 대안적이고 비지배적 생활 방식을 수호해야 합니다.

또한 원주민들이 자신들의 땅에서 계속 살아갈 수 있도록 장려하는 프로젝트를 시작하고 늘려 나갈 필요가 있습니다. 그들은 조상들의 지혜로 자신들의 영토를 잘 돌볼 수 있습니다. 하지만 원주민들은 땅속에 묻혀 있는 것을 취하려는 기업인들의 탐욕으로 인해 자신들의 땅을 포기하도록 집요한 압력에 시달립니다. 이런 의미에서 자연과 문화의 황폐화를 고려하지 않는 사업들이 조상들의 전통을 지닌 원주민을 몰아내기 위해 강압적으로 시행되는 일은 우연이 아닙니다.

우리에게는 통합적 회심이 필요합니다. 우리는 자연을 보호하려는 입장을 취함과 동시에 낙태나 사형을 조장하는 입장에 경계해야 합니다. 비록 눈에 보이지 않을 정도로 작은 생명일지라도 우리가 주변의 모든 생명을 보호하고자 한다면, 생명의 모든 순간을 어떻게 보호하지 않을 수 있을까요?

하느님의 이름으로 우리 공동의 집을 보호하길 여러분에게 부탁합니다. 제 교황직을 위한 영감을 주고 교황명으로까지 선택한 아시시의 프란치스코 성인은 이미 8세기 전에 우리에게 이 공동의 집을 우리의 존재를 공유하는 어머니, 우리를 당신 팔로 품어 안아 주는 아름다운 어머니로 바라보라고 권고했습니다. 우리는 지구와 우리 손주들, 그리고 피조물 보호의 권리를 넘겨줄 다음 세대를 위해 지금 당장 행동해야 합니다. 이것이 제가 하느님의 이름으로 부탁하는 일입니다. 상황의 심각성이 요구하는 책임감을 갖되, 아직 완전히 사라지지 않은 희망을 간직하고 행동합시다.

우리는 피조물의 주인이 아니며

우리의 이익을 위해 무차별적으로

피조물을 이용할 권리가 없습니다.

지구의 모든 존재가 함께 조화를 이루며 살아가도록

우리 공동의 집을 보호하기를

하느님의 이름으로 청합니다.

3장

✦

하느님의 이름으로,
거짓 뉴스에 맞서고 혐오의 악순환을 끊는
언론이 되길 청합니다

최근 몇 년 사이 커뮤니케이션 세계는 완전히 새롭게 바뀌었으며, 놀라운 속도로 끊임없이 진보하고 있습니다. 소위 '디지털 네이티브Digital native'라 불리는 젊은 세대조차 타인과 소통하고 관계를 유지하는 방식이 시시각각 변하고 있음을 주변에서 볼 것입니다. 라디오와 종이 신문이 지역 사회 밖에서 일어나는 일을 알 수 있는 유일한 창구였을 때 태어난 노인들에게 오늘날 무슨 일이 일어나는지는 생각해 볼 것도 없죠.

과학과 기술의 발전 속도는 우리가 관계를 맺고 정보를 얻는 방식에 상당한 영향을 미칩니다. 과학 기술과 커뮤니케이션의 이 새로운 패러다임으로 우리에게는 큰 기회가 열렸습니다. 이러한 도구들을 잘 숙달하고 활용하면 많은 이의 삶이 더 나아질 수 있습니다. 동시에 우리는 이러한 도구의 사용이 언제나 공동선을 지향하도록 주의를 기울여야 합니다.

이 책임은 사용자부터 기업, 언론, 정부에 이르기까지 모두의 공동 책임입니다. 교회 또한 과학 기술의 책임 있는 사용과 인류에 유익한 커뮤니케이션 방식을 장려하기 위해 우리가 맡은 역할을 수행해야 합니다.

우리는 모두 소위 거짓 뉴스fake news에 맞서 싸우는 문화를 추구하도록 부르심을 받았습니다. 이는 증오의 논쟁을 피하고 가짜 뉴스에 무방비 상태로 노출된 이들을 보호하고자 하는 기술적 전망 안에서 성장하는 문화입니다.

특히 다양한 커뮤니케이션 수단을 이용해 진실을 숨기려는 행위, 허위 사실 유포, 명예 훼손, 비방 등의 행태를 근절할 것을 다시 한번 당부합니다. 무엇보다 언론이 대화와 성찰을 이끌어 내고 상대방을 험담하거나 폄하하는 일 없이 차이와 다름을 인정하는 데 기여할 수 있는 방법을 모색하길 바랍니다. 많은 경우 대중이나 사회의 취약성과 연약함을 이용하는 혐오, 그루밍, 정치적 음모 등을 억제하기 위해 필요한 조치를 취하는 일이 중요합니다. 거짓 뉴스 문화로 인한 위협을 최소화할 수 있는 공공 정책을 필연적으로 수반해야 대화와 사회적 우애가 이뤄질 수 있습니다.

여러분과 나누고자 하는 첫 번째 성찰은 커뮤니케이션 미디어를 사회에 기여할 수 있는 주역으로 바라보는 것입니다. 점점 더 즉각적이고 넘쳐나는 정보와 관련한 과학 기술의 발전과 새로운 패러다임의 구성은 우리 사회 내 여러 방송·통신 기업의 역할을 새롭게 설정했습니다.

전 세계 수많은 사람의 의견이 커뮤니케이션 미디어를 통해 형성됩니다. 커뮤니케이션 미디어는 형제애를 성찰하고, 교육하고, 장려하는 데 필수불가결한 도구가 될 무한한 가능성을 지녔습니다. 이런 의미에서 커뮤니케이션 미디어는 사회 건설의 주춧돌이지요.

하지만 이 같은 미디어의 유익한 역할은 손해를 끼치는 도구로 변질되고 조작이라는 유혹에 빠질 수 있는 현실에서 자유롭지 않습니다. 선한 목적과 방향성을 상실하는 이러한 모습은 우리 각자의 영역에서도 누구에게나 일어날 수 있는 일입니다.

오늘날 언론은 많은 유혹을 받습니다. 예를 들어 무고無辜는 타인의 품위에 손상을 입힙니다. 우리는 결국 거짓으로 드러나는 뉴스를 종종 접하지만, 정정 보도는 신문 1면이 아니라 하단에 두 줄 정도로 간략히 언급될 뿐입니다.

누군가의 명예를 떨어뜨리려는 목적으로 과거의 사건을 파헤치는 행위는 명예 훼손으로 이어질 수 있습니다. 설령 위조, 변경, 복구 등의 의사가 없었다고 해도 말입니다. 명예 훼손 당사자가 잘못을 인정하고 상황을 회복시키려고 할 때에도 여론은 그의 과거 행동을 손가락질하며 뭇매를 가하기를 고집합니다. 《돈키호테》의 저자 미겔 데 세르반테스는 이러한 유혹을 정확히 꼬집으며, 글이 원래의 의도를 얼마나 왜곡할 수 있는지 경고했습니다.

> "펜은 영혼의 혀입니다. 영혼에서 싹튼 생각이 정결하면 작품 또한 그렇게 될 테지요."[16]

종종 이와 유사한 관행이 정치계에서도 나타납니다. 정치적 경쟁이 과열되거나, 가끔은 같은 정당 내에서 과거를 파헤쳐 상대를 공격하려는 경우도 있습니다. 상대의 가족, 주변 상황, 삶에 미칠 결과를 무시하면서 말이죠. 그리고 불행하게도 이러한 작업의 중심적인 역할을 언론이 담당하는 경우가 많습니다. 제 고향에서는 이러한 작업을 일삼는 언론을 '서류 보관철Carpetazo'이라고 부릅니다. 종이로 된 유산인 고문서를 보관하던 시절, 정보를 무기로 사용했던 시대에 생겨난 말이지요. 오늘날 우리에게는 '디지털 폴더'라는 새로운 무기고가 있습니다. 과거든 현재든 이러한 행위는 모두 사람들의 진실성을 해치고 민주적 공존에 해를 입히는 나쁜 행동입니다.

무고와 관련되고 사익에 휘둘리거나 정치권력에 이용되는 '허위 정보'가 있습니다. 따라서 정보를 제공하는 이들은 진실을 보호하고 수호해야 합니다. 우리에게는 언론이 허위 정보를 제공하지 않을 것을 정당하게 요구할 의무가 있습니다. 주주, 소유주, 광고주가 전면에 드러난다면 정보를 제공하는 순간에 잠재적으로 상충되는 이해에 대해 양심 성찰을 수행함으로써 언론의 투명성을 증진하는 데 큰 도움이 될 것입니다.

언론이 보여 주기식 자기만족에 빠지지 말고 긍정적이고 건설적인 이야기에 집중하길 바랍니다. 또한 언제나 인간을 중심에 두고 필요한 사실을 조사하길 바랍니다. 신문 1면에 실릴 법한 수많은 이타주의의 본보기들, "옆집의 성인"이 실천한 올바른 행동들이 진흙탕 같은 스캔들에 대한 집착 때문에 얼마나 자주 드러나지 않나요(GE 6-9항 참조)! 이런 이유로 저는 언론을 향해 자극적인 스캔들에 탐닉하지 말 것을, 심각한 피해를 줄 수 있는 부정적인 사건만을 선호하지 말 것을 강하게 호소해 왔습니다.

특히 저는 사법계의 소식들을 생각합니다. 제가 어렸을 적 사람들은 그러한 뉴스를 '범죄 보도 기사'라고 부르곤 했습니다. 언론은 범죄를 보도할 때 사람들이 불안이나 사회적 공황을 일으키지 않도록 신중하게 행동해야 합니다.

무죄 추정의 원칙은 공동선을 향한 정보의 필수 불가결한 보장 중 하나로 존중될 필요가 있습니다. 선정적인 어조의 형사 재판 보도, 용의자를 범인 취급하는 보도, 피해자들의 사생활 공개, 특정인에 대한 공격적 선동 같은 보도는 누구에게도 도움이 되지 않습니다. 생각 없는 행동에 형제자매의 생명과 존엄이 달려 있다는 사실을 잊지 맙시다.

거짓 뉴스와 사실을 구분할 역량을 갖고 태어난 사람은 없습니다. 또한 그 누구도 험담이나 선정적인 사건에 대한 유혹에서 자유롭지 않죠. 따라서 이러한 방향으로 우리를 조종하려는 시도에 굴복하지 않도록 사회 전체의 공동 노력을 통해 우리 스스로를 교육해야 합니다. 러시아의 문호 도스토옙스키는 그의 작품을 통해 다음과 같은 글을 남겼습니다.

> "100가지 의혹이 있더라도 그것이 하나의 증거가 되지는 않습니다."[17]

이 같은 유혹은 언론이 자신들의 발전적 역할에서 멀어지고 비방, 험담, 명예 훼손, 공격적 선동 등 누군가를 향한 실제적 공격이라는 위험한 줄타기를 하도록 만듭니다. 이러한 관행이 사회의 민주적 토대를 약화시키기 위해 이용된다면 제도적으로 더욱 심각한 상황을 야기할 수 있습니다.

소위 '법률 전쟁lawfare'이라는 개념이 있습니다. 법률 전쟁은 우리 사회 많은 분야에서 점점 그 위험이 커지고 있습니다. 예를 들어 라틴 아메리카에서는 많은 독재 정권이 정권 장악의 첫 단추로 "아무런 방해 없이 언론을 자신들의 손에 넣기 위해 먼저 언론을 탄압하는 방식"[18]을 사용했습니다. 이 방식은 다음과 같은 단계를 통해 진행됩니다.

"언론 및 미디어 관련 법률이 있지만 그 법률이 무시됩니다. 이어 모든 방송 장비가 비방을 일삼는 한 회사나 한 단체에게 제공되며, 그 조직은 거짓을 퍼뜨리기 시작하고 민주주의를 약화시킵니다. 그런 다음 이 약화된 제도와 비방의 대상이 된 이들을 심판하는 판사들이 등장하여 그들을 단죄함으로써 독재는 힘을 얻게 됩니다."[19]

저는 이미 전 세계 판사들과 만난 자리에서 국가 민주주의를 심각하게 위협할 뿐 아니라, 정치적 절차를 약화시키고 사회적 권리를 체계적으로 침해하는 메커니즘에 대한 우려를 전달했습니다. 이 메커니즘 속에는 사법 권력과 소위 '제4권력'으로 불리는 언론 기관 사이의 명백한 공모가 존재합니다.

또한 저는 다음과 같은 성찰을 공유한 바 있습니다.

"시민 생활과 정치 생활 안에서 쿠데타를 일으키고자 한다면, 언론은 국민과 지도자에 대한 부정적인 말을 쏟아내기 시작하며, 비방과 중상으로 그들의 명예를 실추시킵니다. 그 다음 정의라는 이름으로 그들을 단죄하며, 마침내 쿠데타가 발생합니다. 이는 가장 비열한 시스템 중 하나입니다."[20]

요한 복음서는 "진리가 너희를 자유롭게 할 것이다."(요한

8,32)라고 전합니다. 이 말씀이 제가 온갖 종류의 거짓 뉴스에 대항하고자 하는 근본적인 이유입니다. 온라인 혹은 정통 언론 기관에 의해 유포되는 잘못된 정보를 일컫는 이른바 가짜 뉴스는 특정 목적을 위해 독자를 속이거나 조종하기 위해 '없는 사실' 혹은 '왜곡된 사실'을 전합니다. 이 같은 가짜 뉴스는 정치적 결정에 영향을 미치거나 어떤 경제적 이익을 위해 사용되지요. 우리는 또한 앞서 언급한 문제들과 적지 않은 경우 밀접한 관련을 맺고 있으며, 현대 사회 안에서 점점 더 많은 영향을 끼치는 또 다른 문화, 소위 '취소 문화Cancel Culture'로 시선을 돌리지 않을 수 없습니다.

작금의 현실은 우리가 이 시대의 해석학을 통해 보고, 분석하고, 판단할 것을 요구합니다. 하지만 오늘날 이념적 식민화에 불과한 특정 경향은 가장 소외된 계층이나 목소리를 내지 못하는 이들을 보호하려는 기치를 드높이는 듯하면서 표현의 자유의 경계를 억압하고 있습니다.

이처럼 다양성의 보호라는 이름으로 각자가 지닌 정체성을 지워 버리는 경우가 자주 발생합니다. 다양한 감수성을 존중하고 균형을 맞추려는 입장에 대해서는 침묵을 요구하면서 말입니다. 우리 사회 내 다문화의 풍부함을 거스르는 모나지 않은 시선을 갖도록 강요하지요. 하지만 한 문화가 다른 문화와 충돌하지 않고 더불어 살아가는 다양한 현실은 다면체와 훨씬 유사합니다.

"오늘날 우리가 바라는 방식으로 역사를 만들어 가길 원하는 사람들이 있는데, 이러한 방식은 전에 존재하던 모든 것을 지워 버릴 것을 요구합니다. …… 반대로 진정한 역사는 기억이 필요합니다. 왜냐하면 비록 오점으로 얼룩진 과거의 길일지라도 기억은 우리가 그것을 인식하고 존중할 것을 요청하기 때문입니다."[21]

편향된 눈으로 과거를 바라보거나 맹목적인 시선을 고집해서는 안 됩니다. 역사는 있는 그대로의 사실이지 오늘날 우리가 원하는 모습이 역사가 되는 것이 아닙니다. 자신의 역사를 알지 못하는 사람은 같은 역사를 반복할 수밖에 없습니다.

이런 경향성은 그 시대의 생각에 기초해 역사를 부정하거나 다시 써 내려가도록 강요하며 단일한 생각을 갖게 만드는 위험을 야기합니다. 어떤 나라들에서 이야기하듯 "월요일 신문을 손에 들고" 과거의 일을 판단하도록 강요하는 꼴이지요.

현대 사회에서 우려되는 또 다른 측면은 소셜 네트워크나 익명성을 보장하는 새로운 방식을 통한 혐오 발언의 확산입니다. 저는 언론의 자유를 최대한 보장하는 장소로서 인터넷을 비롯한 다양한 공간이 보장돼야 한다는 사실을 인식하고 있습니다. 하지만 그저 공격하고 비방하는 표현이 확산되는 일은 오늘날 일반적으로 '인터넷'이라고 인식하는 가상 공간을 만들었던 당시의 이론적 가설들을 재고할 필요성을 제기합니다.

소위 '트롤'이라고 하는 이들을 볼 때 우리는 표현의 자유에 대해 어떤 말을 해야 할까요? 그들은 익명성 뒤에 숨어 그저 훼방을 놓거나 소셜 네트워크상에서의 어떤 종류의 진지한 대화도 불가능하게 만드는 것이 목적이며, 증오, 편견, 언어폭력의 힘만을 사용하려 합니다. 또한 인터넷상의 토론에 인위적으로 영향을 미치거나 조작하려는 목적으로 특정 온라인 콘텐츠 사용자를 늘리기 위해 유령 계정을 생성해 내는 경우는 어떻게 봐야 할까요?

소셜 네트워크에서는 이미 상당히 확산된 이러한 관행이 종종 정통 언론 미디어에서도 나타납니다. 언론과 방송에서는 자체 온라인 기사 형식으로 발행한 뉴스를 다시 언급하는 '평론가'들이 이러한 역할을 하지요. 이제 많은 언론은 자신들의 사이트를 방문하는 이들 사이에서 확산되는 공격과 혐오 발언을 어느 정도 인식하고, 특정 기사에 대한 게시물을 제한하거나 삭제하는 조치를 채택하기 시작했습니다.

인터넷상에서든 정통 언론에서든 점점 확산되는 이러한 혐오 발언은 근절될 것이라 믿어졌던 일부 행동을 표면 위로 드러나게 만들었습니다.

오늘날 인류는 전통적 미디어를 넘어선 여러 채널을 통해 서로 소통하고 정보를 주고받습니다. 과학과 기술의 발전으로 주머니 속에 커뮤니케이션 센터를 갖게 됐지요. '클릭' 한 번으로 서로 소통하고, '좋아요'를 통해 의견을 표현하며, 멀리 떨어진 이들 또는 실제로 오랜 시간 만나지 못하는 이들과 연락을 이어갑니다. 하지만 관계를 이어 나가는 이 새로운 방식이 인간적 접촉을 대체할 수는 없습니다. 우리는 공항이나 기차역에서 사랑하는 이를 배웅하거나 마중하는 순간의 애정 어린 포옹을 수도 없이 목격합니다. 이를 통해 친밀감 없이는 살아갈 수 없다는 사실을 깨닫습니다. 코로나19 대유행 기간 동안 우리는 가상 세계를 통해 효과적으로 소통할 수 있었습니다. 그럼에도 사람들은 포옹을 그리워했고, 아이들은 교실의 선생님이나 식당에서 함께 점심을 먹던 친구들을 그리워했습니다. 가상 세계에서의 소통은 다른 사람과의 직접적인 만남과 결코 동일하지 않습니다. 기술은 사람 사이의 만남을 위한 보조적 도움을 줄 수 있을지라도, 관계나 직접적인 만남을 대체할 수는 없지요.

과학 기술의 발전으로 인한 이 새로운 생활 방식은 또 다른 경고를 낳습니다. 우리 삶 안에 점점 더 대대적으로 유입되는 인공 지능 기술의 관리자는 우리 자신이 돼야 합니다. 우리 세대는 물론 미래 세대에게도 영향을 끼칠 큰 변화와 패러다임 앞에서 수동적 관찰자로 남아 있어서는 안 됩니다.

만약 우리가 새로운 기술과 그 기술의 적용이라는 오르막길을 아직도 오르는 중이라면, 우리는 글로벌 디지털 세상에 노출된 아이들과 청소년들에게 훨씬 더 관심을 기울여야 합니다. 신빙성 있는 연구 자료에 따르면 오늘날 전 세계 인터넷 사용 인구의 최소 25%는 미성년자이며, 그 숫자는 8억 명에 이릅니다. 그들은 인류의 디지털 바다를 항해하는 배에 오르

는 주된 탑승객입니다.[22]

이 새로운 세상이 청소년들의 건강한 성장과 평화로운 학창 시절에 해를 끼치지 않도록 어떤 보호 장치를 마련할 수 있을까요? 우리는 이 아이들이 원치 않는 노출에서 멀어지도록, 나아가 아이들의 존엄과 건강의 잠재적 위험에서 그들을 보호하기 위해 부모, 기업, 정부 등 사회의 한 구성원으로서 어떤 역할을 하도록 부르심을 받았나요?

사실 아이들은 왕따를 비롯한 각종 형태의 괴롭힘, 영상이나 사진을 이용한 성 착취 범죄, 온라인 미성년자 성매매 등 많은 위험에 노출돼 있습니다. 이러한 예는 우리가 걱정하고 관심을 가져야 할 여러 경고음 가운데 일부에 불과합니다.

또한 성인들을 위협하는 온라인 인신매매 조직 및 인터넷 성매매 등과 같이 심각하고 복잡한 형태의 문제도 존재합니다. 이러한 문제에 있어서도 모든 이의 책임이 요청되며 맞서 싸우기 위해 우리는 힘을 모을 필요가 있습니다.

이러한 심각한 범죄는 대부분 인신매매 단체 및 다른 범죄 단체의 네트워크와 관련이 있으며 이 단체들은 많은 경우 초국가적 조직을 구축하고 있습니다. 모든 사회 구성원, 공공 기관 및 민간 기업, 은행을 비롯한 금융 기관 등을 향해 이 같은 음모에 동조하지 않도록 호소하는 일은 아직 늦지 않았습니다. 예를 들어 금융 기관은 범죄 조직의 돈세탁에 연루되는 일을 단호히 거부해야 합니다. 또한 우리 아이들을 위험에 빠뜨리는 범죄에 맞서기 위한 핵심 작업인 범죄 조직의 위치 공유, 그들이 접속하는 서버를 찾아내기 위한 정보 공유 등의 국제적 협력은 필수입니다.

더 이상 콘텐츠 유통망 산업에서 인터넷 연결 기술을 제공하는 기업을 단순한 인프라 공급 역할로만 여겨서는 안 됩니다. 기업은 고객에게 도구를 제공할 때 그들이 이를 어찌 사용할지에 대해서도 고민해야 합니다. 책임은 모든 이에게 있습니다. 같은 이유에서 저는 여러 온라인 사이트에 접속하는 이들의 보안을 보장하는 더 나은 조치를 마련하도록 정부와 기업의 협력을 호소합니다.

이 같은 요청은 인터넷에 대한 접근 권리를 하나의 인권으로 승인하고자 하는 최근 몇 년 사이 등장한 특정 주장과 충돌하는 내용이 아닙니다. 유엔 정기 총회에서는 이미 이 같은 방향성을 선포한 바 있습니다.

언론 미디어 및 커뮤니케이션 세계가 우리 사회에 던지는 모든 도전 앞에서 교회는 이방인으로 남아 있어서도 안 되며, 남아 있을 수도 없습니다. 우리 교회는 사회의 다른 모든 분야 또한 그러하듯 이 가상 공간을 향해 발걸음을 내딛도록 초대받았습니다. 이 가상 세계가 아직은 알려지지 않은 부분이 있고 신비롭게 감춰져 있는 듯 보입니다. 밖으로 나가는 교회가 돼야 한다는 가르침은 이 가상 세계를 향해서도 발걸음을 내딛겠다는 다짐이기도 합니다.

디지털 세상은 우리 공동체와 가족이 살아가는 공간입니다. 비트bit로 구성된 환경 속에서도 그들을 만나러 다가갑시다. 이는 미사를 '틱톡'으로 생중계하거나 순교자들의 이야기를 온라인에서 퍼뜨리기 위해 '밈'으로 만들자는 말이 아닙니다. 하지만 우리는 가상 세계가 완전히 이질적인 현실이 아니라는 것을 확실히 하기 위한 새로운 언어를 찾을 수 있습니다. 복음이 전하는 "세상 끝까지"에는 이제 디지털 세상도 포함됩니다. 그곳에서도 우리는 가장 불행한 이들을 잊지 않으면서 자비, 애정, 기쁨을 전할 수 있습니다.

"진리가 너희를 자유롭게 할 것이다."(요한 8,32)

우리 모두 가짜 뉴스에 맞서 싸우도록

부르심을 받았습니다.

언제나 공동선을 지향하며

다양한 커뮤니케이션 수단을 사용할 수 있기를

하느님의 이름으로 청합니다.

4장

하느님의 이름으로,
공동선에 헌신하는 정치를
청합니다

저는 정치가 우리 형제자매들의 삶을 변화시키는 도구라고 믿습니다. 저는 국민을 위해 봉사하고, 사람들이 스스로를 조직하고 표현할 수 있도록 안내하는 '올바른 정치Politics'를 신뢰합니다. 대화를 기반으로 국민만이 아니라 국민과 함께 성장하는 형제애적 정치는 정치의 최우선적이고 진정한 목표인 공동선을 절대로 잊어버리지 않습니다.

하지만 어떤 경우에는 정치politics가 나쁜 단어가 되기도 한다는 사실을 알고 있습니다. "일부 정치인들의 실수, 부패, 무능"(FT 176항)은 어떤 측면에서 일반화된 무관심과 회의주의를 야기했습니다. 또한 부패한 정치 가운데 온갖 형태의 이해관계가 이익을 얻는 것도 사실입니다. 이러한 정치를 지지하는 사람들 가운데에는 가장 힘 있는 자의 자본, 기술 만능주의,

혹은 법으로 그 이익을 차지하기 위해 일부러 정치의 정당성을 훼손하고자 무슨 일이든 하는 이들도 있습니다. 따라서 저는 하느님의 이름으로 우리 모두 공동선을 위한 '올바른 정치'를 수립하고, 강화하고, 재건하기를 요청합니다.

2021년, 저는 시민 사회의 요람이자 인간이 '정치적 동물'이라는 사실을 깨달았던 아테네를 방문했습니다. 여러 위대한 고전은 이곳에서 폴리스(도시)가 탄생했다고 입을 모았습니다.[23] 그 당시 폴리스의 시민들이 품었던 소망 가운데 현재까지 남아 있는 것은 무엇일까요? 그들은 폴리스 안에서 공동선을 위해 봉사할 수 있는 어떤 구체적이고 체계적인 모델에 주목했을까요?

1900년대에 교황직을 수행한 선임 교황님들은 '올바른 정치'를 "가장 높은 형태의 자선"이라고 말씀하셨습니다. 저 또한 같은 생각입니다. 정치에 대한 이러한 정의는 이웃에 대한 섬김을 자각하고 사회 공동선을 모색해야 할 실천을 강조합니다. 이어질 짧은 성찰을 통해 우리는 정치의 결과와 한계, 정치가 지닌 위협성과 잠재력을 살펴볼 것입니다.

어째서 정치를 말하는데 '봉사'를 강조할까요? 올바른 정치는 '나'에 집중하기보다 '우리'를 지향하기 때문입니다. '올바른 정치' 안에 개인이나 일부의 이익이 설 자리는 없습니다. 올바른 정치에 있어 사익이 최종 기준이 되어서는 안 됩니다. 우리는 올바른 정치 안에서 '섬김을 받으러'가 아니라 '섬기러' 오신 예수님을 만날 수 있습니다. 다시 한번 말씀드리지만, 올바른 정치는 희생과 헌신을 의미하며, 의미해야만 합니다.

왜 공동선을 추구해야 할까요? 가톨릭 사회 교리의 가르침에 따르면 공동선이란 "집단이든 구성원 개인이든 더욱 충만하고 더욱 용이하게 자기완성을 추구하도록 하는 사회생활 조건의 총화"(CDS 164항)를 가리키기 때문입니다.

또한 가톨릭 사회 교리는 "공동선은 정치권력의 존재 이유"(CDS 168항)라고 가르칩니다. 가톨릭 교회 교리 또한 "인간의 모든 공동체가 그 스스로 공동체라고 인정할 만큼의 공동선을 가지고 있는 것이라면, 공동선은 정치 공동체 안에서 가장 완전하게 실현된다."(CCC 1910항)라고 명시합니다.

여기서 회칙 〈모든 형제들〉로 돌아가 여러분과 제 자신에게 다음과 같은 질문을 던집니다.

"정치 없이 우리 세상이 돌아갈 수 있습니까? 올바른 정치 없이 보편적 형제애와 사회 평화를 향한 효과적인 발전 과정이 이루어질 수 있습니까?"(FT 176항)

올바른 정치에 대한 그 어떤 성찰에서도 국민이 주인공이라는 사실을 간과해서는 안 됩니다.

저는 백성을 신화적 범주로 여러 차례 정의했습니다. 신화적 '범주'라는 표현과 '신화' 자체를 혼동해서는 안 됩니다. '신화적'이라는 말은 수식하는 대상의 설명과 이해가 어떤 경우에든 대상을 구성하는 실제를 넘어 논리적이고 역사적인 범주를 초월한다는 의미입니다. 곧 '신화적'이라는 표현을 사용할 때는 한 백성의 정신, 문화, 마음, 업적, 역사, 전통의 발전 속으로 들어갈 필요가 있습니다.

백성은 사회, 문화, 인간과 유대의 결속을 맺는 동시에 그들의 형태를 부여하며 그 유대를 공동체적 활동으로 응축해 표현합니다. 이로써 공유된 정체성이 확립되지요. 백성이 주체가 되는 이 특별한 권리는 올바른 정치의 주인공이 백성이 되도록 합니다. 올바른 정치는 섬김을 통해 공동선을 모색하며 백성이 주인공이 되도록 이끕니다.

하지만 민주주의를 직접적으로 공격하는 것은 역효과를 낳을 수 있기 때문에 '백성'을 암시하거나 백성의 형용사적 표현인 '대중적'이라는 것을 비난하는 표현이 만연합니다. 최근 몇 년 사이 '포퓰리즘', '대중 선동가populist'라는 단어의 등장과 함께 대중의 가치를 평가 절하하는 세태와 이 같은 용어를 현실을 바라보는 유일한 프리즘으로 이해하고 사용하려는 움직임이 있습니다.

대중의 견해와 바람을 대변한다고 주장하는 정치 형태인 포퓰리즘의 이분법을 통해 정적을 무너뜨리는 모습은 근대 정치가 낳은 악의 산물 중 하나이며, 극소수의 국가들만이 이러한 모습에 빠지지 않았습니다.

백성과 포퓰리즘을 동의어로 취급해서는 안 됩니다. 모든 대륙에서 그 의미를 규정하는 다양한 뉘앙스에도 불구하고 포퓰리즘은 소수 집단이 대중의 정서를 독차지하도록 만드는 것을 목표로 합니다. 포퓰리즘은 백성이 자신들의 뜻대로 조작되지 않고 격분하지 않을 때, 그들을 배제하거나 다른 것에 집중하도록 유도합니다. 국가 지도자들이나 정당들은 엘리트 계급이 되면 자신들이 그 자리에 있을 수 있도록 도와준 백성에게 등을 돌리고 대중을 선동할 수 있습니다. 우리는 투표함의 정당성에서 전체주의를 향해 나아가기 시작한 20세기 포퓰리즘의 여러 사례를 잘 압니다. 오늘날 우리는 안타깝게도 유럽조차도 안전하다고 여길 수 없는 유사한 권위주의적 경로의 재탄생을 목격하고 있습니다.

반면 특정 경향에 따라 조작되지 않는 올바른 정치는 우리가 일상생활 안에서 착한 사마리아인이 되도록 이웃 사랑을 강조할 뿐만 아니라, 마침내 소외된 이들을 향한 역사적 여정을 시작하기 위해 힘을 모아 공동체를 건설하도록 이끕니다. 공동선을 추구하도록 훈련된 올바른 정치는 자원봉사를 조직적인 활동으로 변화시킵니다. 이런 이유로 우리는 정치를 사랑의 최고 형태라고 말할 수 있습니다.

따라서 다시 한번 분명히 말씀드립니다.

"개인적으로 궁핍한 사람들을 도울 수 있지만, 모든 이를 위한 정의와 형제애를 추구하는 사회적 여정의 시작에 다른 이들과 함께 참여할 때에 가장 드넓은 애덕의 분야, 이른바 정치적 애덕을 시작하는 것입니다."(FT 180항)

하지만 우리가 지향하는 이 올바른 정책은 여전히 다양한 요인들로 위협을 받습니다. 오늘날 정치가 사회 여러 분야에 해를 끼치고 전반적인 복지를 위협하는 위기에 처해 있다고 말하는 것은 과장된 이야기가 아닙니다.

많은 전문가들은 이러한 위기의 상징적인 증거 중 하나로 공적 정치 토론의 수준이 확연히 저하됐다는 사실을 지적합니다. 서로를 존중하며 생각을 주고받는 모습을 발견할 기회가 점점 더 사라집니다. 현대 민주주의를 관통하는 '영원한 캠페인Permanent Campaign'의 분위기는 정치인을 효과적인 슬로건을 기계적으로 반복하는 사람으로 만들었으며, 그들은 정적들과 실제로 마주하고 대화하지 않으며, 시도하려는 노력조차 하지 않습니다. 여러 미디어는 서로의 생각을 발전시켜 나갈 가능성을 점점 더 제한하는 포맷을 제공해 결국 토론의 질이 저하됩니다.

회의론적 분위기를 조성하기 위해 여러 집단이 뒤에서 담합하는 것은 올바른 정치와 민주주의의 덕목을 향해 나아가려는 현실에 도움이 되지 않습니다. 예를 들어 불안 지수가 높아지거나 정규직 노동자들이 월말까지 생계를 유지하기 어려울 수 있다는 걱정이 널리 퍼집니다. 이처럼 불안한 상황 속에서 대중 선동가들은 자신들의 세력을 확장하는 데 유리한 분위기를 감지합니다.

많은 사람이 정치인들에게 점점 거리감을 느끼는 현상 또한 바람직하지 않습니다. 거리감을 느낄수록, 사람들은 정치인들이 시민들의 공동선이 아니라 자신들의 이익을 돌보는 데 더욱 관심이 있다고 생각하기 때문입니다. 따라서 저는 정치인들이 고귀한 소명인 올바른 정치를 복구하기 위해 행동하길 촉구합니다. 올바른 정치에 대한 신용을 잃고, 자극적 선동이 계속되고, 올바른 토론 문화가 빈곤해지면, 사회의 여러 주역들 사이의 대화가 단절되는 위험에 빠지게 됩니다. 그리고 오늘날 현대 사회의 가장 큰 문제 중 하나인 양극화로 치달을 우려가 있습니다.

양극화 극복을 위해 우리가 가진 '해독제'는 무엇일까요? 대화, 대화, 언제나 대화입니다. 다른 사람을 알아가기 위한 대화가 필요합니다. 누군가를 알지 못하면 그 사람을 이해할 수 없습니다. 나아가 누군가를 이해하지 못하면 그가 기여할 수 있는 바를 볼 수 없습니다.

오늘날 정치계에서 보여 주는 토론은 어떤 경우 전혀 서로 간의 대화가 아니라 그저 휴대폰 카메라에 대고 자신의 차례에 읊조리는 독백과 다를 바 없어 보입니다. 우리가 아는 토론과는 거리가 먼 모습이지요.

바오로 6세 성인 교황님은 회칙 〈주님의 교회〉의 상당 부분을 좋은 대화와 관련된 주제에 할애했습니다. 교황님은 회칙에서 대화를 예술로 변화시키기 위한 대화의 네 가지 특성을 통해 "진리는 애덕과, 지성은 사랑과 결합"(ES 82항)된다고 설명했습니다. 진정한 대화를 구성하는 대화의 네 가지 고유한 특성 중 첫 번째는 대화가 생각을 전달하는 작업이라는 측면에서 그 내용의 "명확성"입니다. 두 번째 특성은 "온유함"입니다. 대화는 오만하지 않고, 해를 끼치지 않으며, 공격적이지 않습니다. 대화는 평화적이며, 폭력적 방식을 피하고, 인내와 관용을 지향합니다. 세 번째로 제시되는 특성은 "신뢰"입니다. 자신이 하는 말이 지니는 힘에 대한 신뢰는 물론 상대방에 대한 신뢰가 요구됩니다. 마지막 특성은 "가르치는 사람의 지혜"입니다. 가르치는 사람은 듣는 이의 심리적, 도덕적 상황을 매우 신중하게 고려합니다(ES 81-82항 참조).

오늘날 정치권의 상호 대화 안에서 이러한 특성을 얼마나 발견할 수 있나요?

대화가 부족한 곳에서 분열이 자랍니다. 우리는 이런 모습을 주변에서, 그리고 정치권에서도 볼 수 있습니다. 한 커플을 떠올려 봅시다. 둘 사이에 논쟁이 발생했을 때 아무 말도 하지 않고 각자 방으로 들어간다면 어떤 일이 벌어질까요? 다음 날 분위기는 냉랭해지겠죠.

이번에는 대화가 없는 정치계를 한 번 생각해 봅시다. 자기 확신을 위해 나와 같은 편하고만 이야기하고, 다른 사람의 주장은 그것이 무엇이든 거부한다면, 상대방이 가치 있다고 여기는 무언가를 결코 받아들일 수 없습니다. 상대방을 적으로만 생각한다면 늘 공격적인 분위기를 취할 수밖에 없습니다. 이미 우리 사회는 이 같은 포퓰리즘적 담론의 영향 아래서 살아가고 있습니다. 포퓰리즘의 담론은 점점 더 극단적인 제안으로 불만을 조장하고, 때로 대중의 불만 속에서 정당성에 대한 실마리를 발견합니다.

비슷한 공격적 분위기는 휴대 기기나 앱 사용의 확산으로 더욱 증폭됩니다. 익명성을 통해서 말이죠. 이런 도구를 통해 어떤 이들은 공개 토론에서 넘을 수 없는 문턱을 넘게 되었습니다. 다른 사람들에게 철면피를 쓰고 진지한 어조로 이야기하는 이들이 정부 당국일 때 이는 더 심각한 상황입니다.

교회도 이러한 문제에서 예외가 아닙니다. 우리 가운데에도 '좌-우' 또는 '진보-보수'라는 진영을 구분해 분열을 일으키는 그룹이 있습니다. 우리는 진정한 대화를 위한 해독제를 만들기 위해 우리가 할 수 있는 일을 해야 합니다.

2년 전 저는 주교황청의 신임 외교단을 만난 자리에서 다음과 같은 문제를 생각해 보자고 당부한 바 있습니다.

"점점 더 심해지는 양극화는 시민들의 시급한 진짜 문제를 해결하는 데 도움이 되지 않습니다. 특히 가장 가난하고 취약한 이들의 문제는 더욱 그러합니다. 폭력도 마찬가지입니다. 그 어떤 이유에서도 폭력은 사회·정치적 문제 해결을 위한 도구로 채택될 수 없습니다."[24]

대화의 부재와 정치의 붕괴에 뒤따르는 가장 명백한 손해는 전쟁입니다. 정치가 자신의 소명을 다하지 못했다는 사실이 분명히 드러나는 순간이죠. 따라서 우리는 대화를 기반으로 공동선을 위해 봉사하는 올바른 정치로 나아가기 위해 헌신해야 합니다. 이것만이 양극화를 방지하는 유일한 '해독제'입니다.

정치가 사회 전체의 꿈을 실현하기 위한 합당한 도구로 남아 있기를 원한다면, 결코 간과해서는 안 될 두 가지 대화 방식이 있습니다.

첫 번째로 대화는 무엇보다 건설적인 방식으로 이뤄져야 합니다. 때때로 정치가 야기하는 무관심과 회의론의 대부분은 정치 지도자의 연설과 국민들에게 실제로 일어나는 일 사이에 거리가 멀다는 인식에서 비롯됩니다.

형제애 건설을 위한 올바른 정치는 가장 도움이 필요한 이들을 '위해서'만이 아니라 그들과 '함께' 일하고, 살아가고, 성장해야 합니다. 그 어떤 변화도 '내부로부터, 아래로부터' 시작되지 않는다면 효과적이거나 지속적일 수 없습니다. 좋은 지향과 다양한 이념을 지닌 선의의 사람들이 가난한 이들을 돕고자 하지만 외부인으로 여겨지기 때문에 공감과 신뢰와 위로로 그들과 온전히 함께하지 못하는 경우가 발생합니다.

저는 그러한 도움이 위로가 되지 않는다거나, 때로 도움을 받는 이들을 위한 원조나 음식의 유일한 원천이 아니라고 말하고 싶지 않습니다. 하지만 올바른 정치를 위한 어려움과 선입견을 극복하지 못한다면, 구체적으로 곁에서 함께하는 태도를 함양하지 못한다면, 가난한 이들의 구체적인 문화적 특성을 진정으로 이해하기 어려울 것입니다. 때때로 학계나 상담사들이 말하는 것과 현실이 너무 다른 것처럼 말이죠. 따라서 다음 내용을 기억하는 것이 중요합니다.

"가난한 이들과 만났을 때 중요한 것은 수사학적 언어를 걷어 붙이고 우리의 믿음을 직접 실천으로 옮기는 일입니다. 이는 누군가에게 대신 부탁할 일이 아닙니다. 그러나 때로는 일관성 있는 행동을 방해하는 어떤 느슨한 마음이 차츰 생겨날 수 있습니다. 가난한 이들에 대한 무관심이라고 할 수 있지요. …… 도움은 '복지'라는 차원에서 가난한 이들에게 다가가는 일이 아니라, 그 누구도 기본적으로 필요한 것이 부족하지 않도록 힘쓰려는 마음입니다."[25]

여기서 다시 한번 선임 교황님들의 노선을 상기합니다. 좋은 정치는 가장 도움이 필요한 이들과 함께하는 지속성을 지녀야 합니다. 이에 대해 레오 13세 교황님은 수차례 "우애"라는 이름으로, 비오 11세 교황님은 "사회적 애덕"이라는 이름으로, 바오로 6세 성인 교황님은 더 확장된 시선으로 "사랑의 문명"이라고 표현하셨습니다.

'공동체적 사마리아인'을 지향하는 여러 대중 운동은 이 같은 작업에 좋은 모범을 보여 줍니다. 그들은 대중의 현실을 마주하는 일에 있어 외부 이념을 채택하기보다 대중과 함께 바라보고, 판단하고, 행동하고자 합니다. 왜냐하면 대중은 체계를 갖춘 공동체이기 때문입니다.[26]

정치인들과 지도자들은 사람들의 "눈을 바라봄으로써"(EG 46항 참조) 가장 도움이 필요한 이들을 임박한 선거의 유권자로만 바라보지 않고 그들과 진실한 관계를 맺을 수 있습니다. 이로써 정치 지도자들은 사람들과 함께 걸어가며 진정으로 그들에게 필요한 것을 파악할 것입니다.

몇 년 전 미국에서 발생한 조지 플로이드 사건으로 야기된 시위도 비슷한 맥락에 있습니다. 불의를 목격한 이들이 시위를 일으켰습니다. 일부 사람들에 의해 아래로부터 추진된 시위에 다른 시각을 지닌 수많은 이들이 점점 더 합류했습니다. 하지만 이 과정을 적절한 방법으로 모색하지 못했습니다. 이후 NBA 선수 몇 명이 찾아와 만난 적이 있습니다. 그들은 당시 사건에 몹시 마음 아파했으며, 그 사건을 기억해 달라는 의미로 기념 티셔츠 한 장을 제게 건넸습니다. 그들은 정치를 했어요. 그런데 이 정치는 '올바른 정치'입니다. 그들은 농구 경기를 중단하면서까지 사회 각 분야의 사람들을 찾아갔고, "흑인의 생명도 중요하다Black Lives Matter."라는 구호를 앞세운 캠페인을 많은 사람이 알 수 있도록 힘썼습니다.

두 번째로 대화에 있어 젊은이들의 참여를 장려하는 일을 소홀히 해서는 안 됩니다. 올바른 정치를 통해 사람들의 꿈을 진정으로 변화시키고 싶다면 미래를 대표하는 젊은이들이 반드시 대화에 참여해야 합니다.

저는 젊은이들에게 정치에 참여하라고 말합니다. 단테는 자신의 역작 《신곡》을 통해 게으른 자들, 곧 무기력하고 중립을 유지하는 이들에게 "자비도 정의도 저들을 가벼이 하나니"[27]라고 말했습니다. 젊은이들은 불신이 늘어나는 사회에 꼭 필요한 신선한 공기와 같습니다. 그들은 정치 지도자들의 마음을 움직일 수 있는 새로운 관점과 시각을 제시합니다. 사회적 올바름이라는 기준의 한계를 뛰어넘을 에너지와 용기를 가졌기 때문입니다. 우리는 지금 이미 풀을 먹이고 다림질해 안락한 서랍장에 들어갈 침대보와 같이 안주하려는 젊은이들을 말하는 것이 아닙니다. 젊은이들은 다른 이를 향해 마음을 열고, 자신들의 공간을 만들어 내기 위해 기존 구조를 뒤흔들 열망을 품어야 합니다.

정치가 국민을 멀리하고 젊은이들까지 냉담한 태도와 회의에 빠지게 하는 일은 얼마나 실망스러운가요! 정치인들이 우리 젊은이들에게 불신을 심어 주고 미래를 위한 프로젝트에 참여하지 못하도록 제지하는 일은 큰 죄악입니다.

제가 부에노스아이레스 대교구장으로 있을 때, 두 가지 프로젝트를 진행했습니다. 목표는 협력자들과 함께 중·고등학생 사이에서 정치에 대한 관심을 불러일으키려는 것이었지요. 이 프로젝트의 주 대상은 최고 학년, 열여덟이나 열아홉 살의 학생들이었습니다.

하나는 도시 내 학교 학생들 간의 연대를 형성하는 '자매학교' 프로젝트였어요. 학교 사이에, 학교 내에서도 매우 활발한 활동이 있었습니다. 그들은 물건을 교류하는 것뿐 아니라 자신의 꿈과 계획을 공유하면서 우애의 네트워크를 만들었습니다. 지금까지도 많은 네트워크가 이어지고 있죠. 이러한 모습은 타인을 형제자매로 인식할 줄 아는 만남 문화의 결과라고 생각합니다.

또 다른 하나는 '학교 주변'이라는 제목의 프로젝트였어요. 수많은 학생이 그들 주변에 실재하는 여러 문제에 관심을 가졌습니다. 자신들의 지역이나 학교에서 발생하는 다양한 문제에 말이죠. 나아가 학생들은 지역 문제를 해결하고자 법안을 만들어 행정부에 제출했습니다. 이로써 십여 개의 '청소년 법'이 만들어졌고, 그 가운데는 부에노스아이레스를 '교육 도시'로 지정할 것을 고안하는 법률(2006)이 있으며, 현실적 법률로는 '의류 치수 다양화' 법률(2009), '학생 식당 및 매점 개선' 법률(2010) 등이 있습니다.* 이 프로그램은 현재까지도 이어지고 있으며, 여전히 부에노스아이레스에서 만 명이 넘는 학생들이 참여하고 있습니다. 위에서 언급한 두 프로젝트 외에 현재는 평신도 민간단체가 기획한 국제 프로젝트, '만남의 학교'라는 프로젝트가 있습니다.

---

* '의류 치수 다양화' 법률은 의류를 제조 및 유통하는 회사가 각 의류를 최소 8가지 크기로 공급해야 함을 규정했으며, 이로써 일반적 체형을 갖지 않은 이들에게 많은 도움이 됐습니다. '학생 식당 및 매점 개선' 법률을 통해서는 학생 식당과 매점의 키오스크 질이 향상되어 건강에 더욱 유익한 음식과 음료가 제공되기 시작했습니다.

축구, 예술, 무용과 마찬가지로 올바른 정치는 고유한 소명을 지닌 젊은이들을 키울 수 있는 적절한 시설을 마련해야 합니다. 러시아의 문호 도스토옙스키가 언급한 바와 같이 "시도할 용기"를 지닌 젊은이들이 필요합니다. 이 모든 맥락 안에서 저는 더 많은 젊은이의 참여로 올바른 정치를 만들어 가기를 다시 한번 당부합니다.

정치에 대한 불신은 정치를 기업과 혼동할 때 발생합니다. 이러한 혼란은 정치가 '얼마나 나에게 도움이 되는가?' 하는 이익을 생각하기에 발생합니다. 왜 정치를 기업으로 바라보고 접근하게 될까요? 전 세계에서 정치를 망치는 가장 큰 악 가운데 하나는 부패입니다. 따라서 저는 라틴 아메리카의 한 전 대통령의 말을 인용해 정치인들에게 말합니다.

"여러분이 돈을 좋아한다면, 정치를 멀리하십시오."

죄악으로부터의 회개와 달리 부패에서 회복하는 일은 매우 어렵습니다. 돈과 권력에 취해 부패한 이들은 점점 더 썩은 냄새, 퀴퀴한 냄새를 맡는 일에 익숙해지고, 정신의 맑은 공기와 그 지평을 잊어버립니다. 한 번 익숙해지면 그 세상에서 나오기 매우 어렵습니다. 그렇게 마비된 세상은 자연히 부정부패가 서식하는 장소로 변합니다. 이 같은 경고는 전통적인 형태의 부패에만 해당하는 이야기가 아닙니다. 사소하게 보이지만 더욱 빈번하고 불행하게, 더욱 쉽게 받아들여지는 다른 형태의 부패도 마찬가지입니다.

우리 사회에는 정치를 넘어선 영역에도 분명 부정부패가 존재합니다. 교회 내에서도, 사회단체 안에서도, 사법계에서도, 기업에서도 발견됩니다. 이러한 부패 또한 고발되고, 심판되고, 처벌받아야 합니다.

또한 "가장 높은 사랑의 형태"에 헌신한다고 말하는 이들, 곧 정치인에게는 사회의 다른 구성원에게 요구되는 것보다 더 큰 정직성과 투명성이 필요합니다. 그들이 슈퍼맨, 원더 우먼이 돼야 한다는 말이 아닙니다. 하지만 앞서 이야기한 것처럼 정치라는 봉사에 헌신하는 지도자들이 검소함과 겸손함에 대한 책임감을 가지고 살아갈 수 있도록 기준을 조금 높일 필요가 있다는 이야기입니다.

인간이 돈, 일등석, 화려한 경력을 매력적으로 느끼는 일은 불법이 아닙니다. 하지만 저는 검소함과 절제를 바탕으로 일상생활을 살아갈 수 있는 사람만이 정치에 헌신하길 호소합니다. 절제는 부패의 유혹을 줄이는 데 필요한 덕목일 뿐 아니라 밝은 모범이며, 그런 덕목을 갖춘 사람이 제안한 정책은 더 큰 존경을 이끌어 냅니다. 검소함은 다른 수천 가지 정당 활동보다 유권자의 의사 결정에 훨씬 더 많은 영향을 미칩니다.

정치 지도자가 대다수 국민과 유사한 생활 방식에서 벗어나면 다양한 형태의 부패에 빠질 뿐 아니라, 나아가 그들에게 자신들을 인도할 임무를 맡긴 이들과의 연결 고리를 잃게 됩니다.

여태까지 오늘날 많은 국가에서 정치 제도를 불신하는 모습에 대해 이야기했습니다. 정치인은 사익보다 공동선을 먼저 생각해야 합니다. 사람들을 섬겨야지 사람들에게 섬김을 받으면 안 됩니다. 교회 내에서 목자들이 자신들의 양 떼 가운데에서 양 냄새를 맡아야 하듯이, 좋은 정치인들이 함께 걸어가며 섬기고자 갈망해야 하는 이들은 백성입니다. 대화를 바탕으로 공동선을 추구하고, 섬김을 실천하며, 젊은이들의 참여를 촉진함으로써 올바른 정치를 건설하는 일이 가능해집니다. 부패, 양극화, 전쟁의 유일한 해독제인 이런 올바른 정치를 하느님의 이름으로 청합니다.

우리는 대화를 기반으로 공동선을 위해 봉사하는

올바른 정치로 나아가기 위해 헌신해야 합니다.

우리가 가장 높은 사랑의 형태인

올바른 정치를 만들어 가도록

하느님의 이름으로 청합니다.

5장

─◆─

하느님의 이름으로,
전쟁의 광기를 멈추길
청합니다

2,000년 전 시인 베르길리우스는 이러한 구절을 남겼습니다.

"전쟁은 구원을 주지 않는다!"[28]

그럼에도 세상이 형제, 동포, 국가 간의 전쟁이라는 야만으로부터 교훈을 얻지 못했다는 사실은 믿기 어려운 일입니다. 전쟁은 명백한 비인간성의 상징입니다.

그 비탄에 잠긴 울부짖음이 여전히 울려 퍼지고 있습니다. 오랜 시간 우리는 모든 형태의 무력 분쟁을 멈춰야 한다고 외치는 사람들의 목소리에 귀를 기울이지 않았습니다. 교회는 전쟁의 잔인성을 단죄하는 가르침을 계속해서 강조했습니다.

19세기와 20세기의 선임 교황님들은 전쟁을 "파멸"이라고 정의했으며, 국가 간의 문제를 해결할 수 있는 도구가 결단코 아니라고 가르쳤습니다. 또한 전쟁이 발발하면 "무의미한 대학살"이 이어지고, 그로 인해 "모든 것을 잃게 될 것"이라고, 최종적으로 "인류는 패배하게 될 것"이라고 강조했습니다(CDS 497항 참조). 오늘 저는 전쟁의 잔혹한 광기를 멈추기를 청하면서, 나아가 우리 가운데 남아 있는 전쟁에 대한 집착은 정치의 진정한 실패라고 생각합니다.

이미 오랜 기간 존재해 왔으며 현재도 여러 나라에서 벌어지는 인도주의적 비극이라는 현실 앞에서 서방의 수많은 사람의 양심을 자극한 러시아-우크라이나 전쟁은 전쟁의 공포가 지닌 사악함을 보여 줬습니다.

지난 세기 인류는 불과 30년 사이에 두 번의 비극적인 세계 대전을 경험한 바 있습니다. 우리 가운데는 아직도 형제를 살해했던 그 광기의 공포를 마음에 품고 있는 이들이 있습니다. 많은 이의 헌신에도 전쟁이 야기한 사회적·경제적 폐허를 극복하는 데 수십 년이 걸렸습니다. 오늘날 우리는 제3차 세계 대전의 불씨로 이어질지 모를, 전 세계적 전쟁으로 번질 수 있는 세계 전쟁의 파편을 목격하고 있습니다. 걱정되는 마음으로 비오 12세 교황님이 바쳤던 기도를 다시 한번 바칩니다.

> "사회·경제적 폐허를 야기하는 세계 대전이라는 재앙을 허용할 수 없습니다. 도덕적 일탈과 혼란이 세 번째로 인류를 덮치는 일을 막아야 합니다."[29]

선임 교황님들이 명백하게 전쟁을 거부했듯이, 저는 21세기의 여러 사건을 겪으며 어떤 경우에도 전쟁이 정당화될 수 없다는 생각을 분명하게 품게 되었습니다. 야만적인 전쟁을 위한 자리는 어디에도 없습니다. 전쟁이 가장 사악한 모습으로 위장하는 순간은 '예방'이라는 가면을 쓸 때입니다. 최근의 역사는 다른 나라에 대한 공격을 정당화하기 위해 거짓 구실을 만들고 증거를 조작한 '조작된 전쟁'의 예를 보여 줬습니다. 이런 이유로 저는 정치 당국이 진행 중인 전쟁을 멈추고, 정보를 조작하지 않으며, 전쟁이라는 목표를 달성하기 위해 국민을 속이지 말 것을 요청합니다.

전쟁은 결코 정당화될 수 없습니다. 전쟁은 결코 어떤 해결책이 될 수 없습니다. 현대 무기의 파괴력을 상상해 보면, 일부 사람들이 고집하는 유익함보다 그 파괴력이 수천 배는 더 큰 충돌을 촉발할 위험이 얼마나 높은지 생각할 수 있습니다.

또한 전쟁은 극복하고자 하는 문제를 해결하는 데 있어 비효과적인 대응입니다. 예를 들어 오늘날 예멘, 리비아, 시리아 등 많은 분쟁을 겪는 지역들이 분쟁 이전의 상태보다 나아졌다고 말할 수 있을까요?

만약 누군가 전쟁이 답이 될 수 있다고 말한다면, 질문이 틀렸기 때문에 그런 답을 하는 것입니다. 오늘날 우리가 모두 국가 간의 무력 충돌, 침략, 미사일 공격을 목격한다는 사실은 집단적 망각을 의미합니다. 20세기의 사건들은 전 인류 가족이 전쟁의 소용돌이에 휩쓸리면 어떤 위험에 빠지게 될지 우리에게 가르쳐 주지 않았던가요?

진정 우리가 무력 충돌을 끝내기 위해 노력하기로 한다면, 우리 기억을 생생하게 간직해 미리 적절한 조치를 취하고, 전쟁이 기운이 느껴질 때 강력한 군사 무기의 사용으로 이어지지 않도록 막아야 합니다. 이를 실현하려면 군사적 억제가 기반이 아닌 더불어 사는 시스템을 건설할 수 있는 대화, 협상,

경청, 외교적 역량과 창의성, 미래지향적 정책이 필요합니다.

전쟁은 "과거의 망령이 아니라 끊임없는 위협"(FT 256항)이 됐기 때문입니다. 아우슈비츠 강제 수용소의 생존자인 작가 엘리 비젤은 오늘날 반드시 "기억의 수혈"이 있어야 하며, 우리 선조들의 목소리를 듣기 위해 현실과 어느 정도 거리를 둘 필요가 있다고 이야기했습니다. 다시는 전쟁의 얼굴을 목격하지 않겠다는 그의 목소리에 귀를 기울여 봅시다. 사실 전쟁의 광기는 그것을 직접 겪은 이들의 삶에 각인돼 있습니다. 전쟁으로 인해 처참하게 피신해야만 했던 우리의 모든 어머니와 자녀들의 얼굴을 생각해 봅시다. 모든 파괴된 가정, 생명에 대한 존중이 없는 공격으로 이차적 피해를 입은 모든 사람의 얼굴을 떠올려 봅시다.

저는 자신의 그리스도교적 뿌리를 주장하면서 당파적 이익을 해결하기 위해 전쟁을 조장하는 사람들 사이에서 모순을 발견합니다. 좋은 정치인은 언제나 평화를 지향해야 합니다. 좋은 그리스도인은 언제나 대화의 길을 선택해야 합니다. 전쟁이 일어난다면, 그것은 정책이 실패했기 때문입니다. 이는 또한 인류 전체의 실패입니다.

따라서 우리는 지속적인 평화를 구축하기 위해 두 배로 노력해야 합니다. 기억, 진실, 정의의 가치를 소중하게 활용해야 합니다. 모두 함께 공동의 희망으로 나아가는 길을 마련할 필요가 있습니다. 평화를 이룩하기 위한 이 사회적 여정에 우리는 모두 누구나 제 몫을 할 수 있고, 해야 합니다. 각 지역 사회에서 시작하는 이 여정은 지역, 국가, 전 세계 당국자들을 향한 외침이 됩니다. 사실 전쟁을 종식할 수 있는 적절한 조치는 그들에게 달려 있습니다. 그래서 저는 당국자들을 향해 하느님의 이름으로 전쟁을 종식하고, 나아가 무기 생산과 국가 간 무기 거래를 중단할 것을 요청합니다.

전 세계 군비 지출은 현 시대의 가장 심각한 도덕적 스캔들 중 하나입니다. 나아가 이 막대한 지출은 평화를 언급하면서 무기 거래를 장려하고 동의하는 이들의 모순을 드러냅니다.

선진국이라고 불리는 나라들이 자신들이 홍보하고 판매한 무기가 사용되는 전쟁에서 피신한 이들을 받아들이지 않기 위해 문을 걸어 잠그는 일은 더욱 비윤리적입니다. 유럽에서도 이런 일이 발생하고 있으며, 이는 유럽의 기틀을 세운 선조들의 정신을 배신하는 일입니다.

군비 경쟁은 우리에게 일어날 수 있는 일을 망각한 증거입니다. 더욱 심각한 것은 무감각해지는 일입니다. 2021년 코로나19 감염병이 한창 전 세계에 확산되던 시기에 전 세계 군비 지출 액수가 역사상 처음으로 약 2조 달러를 넘어섰습니다. 스톡홀름 국제평화연구소는 이 비용을 추산하며, 전 세계에서 100달러를 사용할 때마다 약 2.2달러가 군사 무기를 위한 비용으로 쓰였다고 발표했습니다.[30]

전쟁이 벌어지면 대부분의 사람들은 모든 것을 잃지만 소수의 사람들은 수억 달러를 법니다. 현대에 발생하는 많은 전쟁이 무기를 홍보하기 위한 수단이라고 의심하는 것만으로도 힘이 빠집니다. 이렇게는 앞으로 나아갈 수 없습니다. 저는 각국 지도자들에게 하느님의 이름으로 수많은 무고한 이들을 희생자로 만드는 무기 거래를 단호하게 중단하는 일에 힘쓸 것을 요청합니다. 정치 지도자들이 용기를 갖고 무기 산업 대신 자국민의 보편적 형제애와 인류의 온전한 발전을 증진할 수 있는 산업으로 전환하길 바랍니다.

무기 산업 및 그와 관련된 모든 시스템을 생각할 때면 저는 인간의 진정한 의지가 전쟁에서 끊임없이 스스로를 해방하는 것임을 보여 주는 사람들, 각 개인의 작은 행동을 기억하지 않을 수 없습니다. 몇 년 전 이탈리아 제노바에서는 항구 노동자들이 예멘으로 무기를 싣고 떠나는 배에 선적을 거부한 일이 있었습니다. 그곳에서 학살당할 수많은 어린이를 걱정했기 때문입니다. 분명히 다른 모습입니다. 그렇지 않나요? 정부 당국자들은 예멘으로 무기를 보내는 데 아무런 제재를 가하지 않았죠. 무슨 일이 일어날지 알고 있었음에도 말입니다.

전쟁과 분쟁을 위한 국제 무기 거래 문제와 비교할 때 많은 국가에서 개인 총기 소지가 쉬워지는 현상은 더욱 심각하게 우려됩니다. 보통 권총과 같은 작은 총기를 지니지만, 돌격 소총이나 대구경 탄환을 사용하는 총기가 허가되기도 합니다. 얼마나 많은 아이들이 집에서 총기를 다루다 사망했나요? 일부 국가에서는 총기에 대한 쉬운 접근 때문에 얼마나 많은 학살이 자행되고 있나요?

합법적이든 불법적이든, 대형 마트에서 팔든 소형 마트에서 팔든, 무기 거래는 전 세계로 확산된 심각한 문제입니다. 이에 관한 논쟁을 더욱 심화하여 이 죽음의 도구의 생산, 판매, 소지 제한을 위한 국제적 합의를 모색해야 합니다.

전 세계적 차원의 평화와 안보에 대해 말할 때 가장 먼저 떠오르는 국제기구는 유엔UN, 그 가운데에도 특히 유엔 안전보장이사회입니다. 러시아-우크라이나 전쟁은 신속하고 효과적인 방법으로 갈등을 해결하기 위한 이 다자간 협정의 필요성을 다시 한번 분명히 드러냈습니다. 전쟁 중에는 더 많이, 더 나은 형태의 다자간 협정을 필수적으로 유지해야 합니다.

유엔은 20세기 두 번의 세계 대전을 통해 인류가 경험한 공포를 재현하지 않기 위한 헌장을 토대로 설립됐습니다. 공포가 재발할 것이라는 위협이 여전히 남아 있음에도 불구하고 오늘날 세상이 더 이상 과거와 똑같지 않은 이유입니다. 따라서 유엔과 같은 국제기구가 새로운 현실에 대응하고 가능한 최대로 협력의 결실을 맺도록 이 기구들의 조직을 재고할 필요가 있습니다.

8년 전 저는 유엔 정기 총회에 참석해 이 같은 개념을 제안한 바 있습니다.

"언제나 시대에 맞는 개혁과 적응이 필요합니다. 모든 국가가 예외 없이 실질적이고 공평한 의사 결정 과정에 참여해야 한다는 최종 목표를 향해 나아가야 합니다."[31]

현대의 다자간 협정 시스템의 한계가 드러난 코로나19 대유행 이후, 이 같은 개혁이 반드시 필요하다는 사실이 더 명백해졌습니다. 우리는 백신을 분배하는 과정에서 강한 힘을 가진 이들의 법이 연대보다 더 중요하다는 분명한 예를 목격했습니다.

우리는 개혁을 고민하고 실천할 수 있는 놓칠 수 없는 기회 앞에 서 있습니다. 그러므로 국제기구는 인류 가족에 봉사하는 그들의 필수적인 소명을 회복하고 우리 공동의 집을 보호하며 모든 인간의 생명과 평화를 수호하는 일을 개혁의 목표로 삼아야 합니다.

요한 23세 성인 교황님은 회칙 〈지상의 평화〉의 한 부분에서 유엔을 언급하셨고, 저 또한 회칙 〈모든 형제들〉을 통해 "지구촌 가족의 개념이 실효를 얻을 수 있는"(FT 173항 참조) 개혁의 필요성을 언급한 바 있습니다.

하지만 저는 모든 문제를 국제기구의 책임으로 돌리려는 것은 아닙니다. 궁극적으로 국제기구의 활동은 각 기구를 구성하는 국가들이 함께 모여 그들의 정책과 활동을 결정하는 영역, 그 이상도 그 이하도 아닙니다. 여기에 국제기구의 한계와 권위가 실추되는 이유가 있습니다. 국제기구를 구성하는 국가들은 보편적 공동선을 장려하는 공동 결정을 내리기 위해 서로의 의견을 경청하는 능력을 상실했습니다. 아무리 좋은 법적 틀이라도 대화 상대방에 대한 약속, 충실하고 진지한 토론을 하려는 의지, 당사자 간의 대화에서 발생하는 불가피한 양보를 받아들이려는 태도 없이는 유지될 수 없습니다. 국제기구 회원국들이 합의된 법적 틀을 잘 작동시키려는 정치적 의지를 보이지 않는다면, 우리는 분명히 후퇴할 것입니다.

반면 종종 무분별한 방식으로 자신들의 이념이나 이익을 강요하는 국가들을 봅니다. 이러한 태도의 극단적인 형태는 전쟁이며, 전쟁에 이르기 전에는 매우 심각한 물밑 작업을 진행합니다. 이런 이유에서 저는 더 강한 나라가 더 약한 나라를 상대로, 혹은 풍부한 자원을 가진 나라가 국제기구를 대상으로 하는 이념적 식민화에 대해 경고했습니다. 2022년 카자흐스탄 사도 순방에서는 이렇게 강조했죠.

"따라서 대화와 만남을 장려하는 외교적 책임을 확대해야 할 필요성이 점점 시급하게 요청되고 있습니다. 왜냐하면 오늘날 누군가의 문제는 모두의 문제이기 때문입니다. 세상 안에서 더 큰 힘을 가진 나라는 다른 나라들, 특히 전쟁의 논리로 인해 가장 위기에 처한 나라들에 대한 더 큰 책임을 갖고 있습니다."[32]

코로나19 팬데믹 이후의 이 기회를 이용해 위에서 언급한 국제기구와 각 나라의 유기적 관계를 쇄신하려는 노력을 통해서만 기후 변화, 원자력 에너지의 평화적 사용과 같이 우리 앞에 놓인 점점 더 시급하고 거대한 도전에 마주할 수 있는 조직을 새로이 구성할 수 있을 것입니다.

이런 의미에서 회칙 〈모든 형제들〉을 통해 "통합 생태"를 권고했던 것과 마찬가지로 국제기구를 재건하는 논쟁에 있어 "통합 안보" 개념이 핵심이어야 한다고 생각합니다. 곧 안보 문제를 군비와 군사력의 기준으로만 판단할 것이 아니라 오히려 오늘날과 같이 상호 영향을 주고받는 수준에 도달한 세상에서는 소유라는 개념이 불가능하다는 사실을 인식해야 합니다. 예를 들어 환경, 보건, 경제, 사회적 안보가 확보되지 않으면 식량 안보 또한 보장할 수 없습니다. 이러한 해석학은 우리가 재구성하려는 모든 국제기구의 기반이 되어야 하며, 언제나 대화, 국가 간 신뢰에 대한 열린 자세, 문화 간 및 다자간 존중의 자세를 필요로 합니다.

"경쟁을 강조하는 자세, 폐쇄적으로 대립을 강화하는 자세를 이제는 피해야 합니다. 우리는 국제적 차원에서 사람들을 이해하고 대화하려는 지도자가 필요합니다. 또한 새로운 '헬싱키 협정의 정신'과 다자주의를 강화하려는 의지를 함양하고 다가올 세대를 생각하며 더욱 안정되고 평화로운 세상을 건설하고자 하는 지도자가 필요하지요."[33]

이 긴급한 상황 속에서, 전쟁의 광기를 비난하며 국가 간 관계의 국제적 틀을 재정비하라는 당부 속에서, 우리는 더 이상 핵무기와 같은 대량 살상 무기의 형태로 인류를 위협하는 '다모클레스의 칼'을 간과해서는 안 됩니다.

저는 대량 무기가 지닌 파괴적 힘이 얼마나 무서운지 설명한 바 있습니다.

"일찍이 인류가 이 정도의 힘을 지닌 적이 없었습니다. 특히 현재 그러한 힘이 쓰이는 용도를 살펴보면 그 무엇도 그러한 힘이 지혜롭게 사용되리라는 것을 보장하지 않습니다. 20세기 중반에 투하된 핵폭탄과 더불어 나치즘, 공산주의, 여러 전체주의 정권들이 수백만의 사람을 살상하려고 개발한 엄청난 기술의 동원을 생각해 보기만 하면 됩니다. 현대전에 동원되는 더 치명적인 무기는 말할 것도 없습니다."(LS 104항)

과거와 비슷한 장면 앞에서 자문해 봅시다. 누가 이 무기를 소유하고 있나요? 어떤 통제 장치가 있나요? 핵탄두를 보유하려는 논리를 억제하기 위해 어떻게 제동을 걸 수 있을까요?

이와 관련해 저는 2020년 세계 평화의 날 담화를 통해 다음과 같이 강조했습니다.

"우리는 파멸의 공포를 통해 세계의 안정을 유지하겠다고 주장할 수 없습니다. 이 세상은 핵무기의 구렁텅이로 이어지는 벼랑 끝에 매달려 있으며, 무관심의 장벽에 갇혀 극도로 불안정한 균형 상태에 놓여 있습니다. 세상은 서로를 돌보는 대신 인간이 버려지는 비극적 상황을 불러일으키는 사회·경제적 결정들을 내리고 있습니다."[34]

이런 맥락에서 바오로 6세 성인 교황님이 군비 무장을 비난했던 말씀을 다시 반복합니다. 반세기가 지났지만 여전히 이 시대에도 해당되는 말씀입니다.

"근대 과학 기술이 여러분에게 선사한 끔찍한 이 무기들은 희생자와 파괴를 만들어 내기 이전에, 망상을 양산하고 나쁜 감정을 키우고 악몽을 꾸게 하며 불신과 슬픈 의도를 야기하고 막대한 지출을 요구합니다. 뿐만 아니라 연대와 유익한 활동을 위한 프로젝트를 중단하게 만들며 사람들의 심리를 왜곡합니다."[35]

핵무기에 대한 공포로 계속해서 두려움에 떨어야 할 이유가 없습니다. 우리는 소수가 일으킨 임박한 핵 재앙에 우리를 내맡기지 않는 길을 찾을 수 있습니다. 핵무기 없는 세상을 만드는 일은 가능합니다. 우리에게는 그러한 의지와 도구가 있기 때문입니다. 그리고 핵무기가 인류 생존에 가하는 위협을 생각하면 반드시 그 길을 찾아야 합니다.

핵무기를 보유하는 것은 비윤리적인 일입니다. 대화, 존중, 신뢰보다 더 안전한 지름길이 있다고 생각하는 이들은 잘못된 길을 가고 있습니다. 대화, 존중, 신뢰만이 인류의 평화롭고 형제애적 공존을 보장하는 유일한 길이 될 수 있습니다. 오늘날 이런 종류의 무기 생산을 위해 계속해서 자원을 낭비하는 일은 용납할 수 없고 믿을 수 없는 일입니다. 보건, 식량, 기후에 관해 더 많은 투자가 요청되는 심각한 위기가 다가오고 있기 때문입니다.

원폭의 아픔을 지닌 일본을 방문했을 때, 저는 다음과 같이 주장했습니다.

"평화와 국제적 안정은 상호 파괴나 전멸의 위협에 대한 공포 위에 무언가를 건설하려는 그 어떤 시도와도 양립할 수 없습니다."[36]

핵무기의 존재는 지구상 모든 인간의 생존을 위협합니다. 그러므로 전쟁의 광기를 멈추라고 하느님의 이름으로 청하는 모든 요청은 지구상에서 핵무기를 근절해야 한다는 호소를 포함합니다.

존경하는 마틴 루서 킹 목사님은 암살당하기 전 마지막 연설에서 평화를 위한 당신 영감의 원천에 대해 이렇게 이야기했습니다.

"더 이상 폭력과 비폭력 사이에서 선택할 문제가 아니라, 비폭력과 비존재 사이에서 선택할 문제입니다."[37]

선택은 우리에게 달려 있습니다.

좋은 정치인은 언제나 평화를 지향해야 합니다.

좋은 그리스도인은 언제나 대화의 길을 선택해야 합니다.

인류가 전쟁의 광기를 멈추고

지속적인 평화를 구축하기 위해 노력하기를

하느님의 이름으로 청합니다.

6장

하느님의 이름으로,
이주민과 난민에게 문이 열리길
청합니다

✦

"너희는 내가 굶주렸을 때에 먹을 것을 주었고, 내가 목말랐을 때에 마실 것을 주었으며, 내가 나그네였을 때에 따뜻이 맞아들였다. 또 내가 헐벗었을 때에 입을 것을 주었고, 내가 병들었을 때에 돌보아 주었으며, 내가 감옥에 있을 때에 찾아 주었다."(마태 25,35-36)

예수님께서 하신 이 말씀은 자신과 가족을 위해 더 나은 삶의 조건을 찾으려고 매일 시련을 겪는 수많은 형제자매를 떠올리게 합니다. 가끔 그들은 '더 나은 미래'가 아니라 그저 '미래'를 찾고자 시련을 겪습니다. 왜냐하면 그들의 나라에 남아 있는 것은 확실한 죽음을 의미하기 때문입니다.

저는 이주민과 난민들에게 말합니다. 여러분을 결코 잊지 않고 있다고요. 저는 로마의 주교(교황)로서 처음 수행한 해외 순방인 2013년 7월 람페두사 방문 때부터 여러분을 마음에 품고 있습니다. 그리고 여러분은 언제나 제 기도와 지향 속에 있습니다. 따라서 저는 여러분에게 문이 열리기를 하느님의 이름으로 청합니다. 여러분이 받아들여지고, 보호받고, 통합되고, 더 나은 삶을 살아가길 바랍니다. 여러분이 차별받지 않길 바랍니다. 정치적, 민족적, 경제적, 환경적 분쟁으로 인해 고국을 떠나도록 강요당하는 고통을 그 누구도 겪지 않을 수 있는 여건이 마련되길 빕니다.

마침내 전 세계 많은 나라에서 코로나19 대유행이 진정되는 듯 보입니다. 코로나19로 인한 위기는 현존하는 최악의 인도주의적 비극 중 하나인 이주 문제에서 국제적 관심을 돌리도록 만들었습니다.

삶의 터전을 두고 떠날 수밖에 없는 인도주의적 비상사태와 그로 인한 이주 현상의 증가는 수많은 형제자매가 비록 우리 눈에는 잘 보이지 않을지라도 매일 위험한 순간을 경험한다는 것을 의미합니다. 5개 대륙에서는 이주하려는 이들의 숫자가 계속 증가하는데, 소셜 커뮤니케이션 매체나 여러 정부의 의제에서 이주 문제를 주요 의제나 현안으로 다루지 않는다는 사실은 참으로 역설적입니다. 우리는 모두 이 같은 비극에 무감각해진 듯 보입니다. 오늘날 특정 지역에 국한되지 않으며 모든 대륙에 영향을 끼치는 이주 문제는 전 세계적인 이슈가 되었습니다. 국가 간 경계를 통과하는 수많은 이주 현상뿐 아니라, 팬데믹이 가속화시킨 현상 가운데 하나로, 우리는 한 국가 내에서 날마다 국내 실향민이 증가하는 모습 또한 목격하게 됩니다.

더 나은 일자리, 더 나은 삶의 환경을 찾기 위해 떠나는 이들만을 말하는 것이 아닙니다. 남녀노소 할 것 없이 많은 이들이 그저 살아남기 위해, 평화와 안전을 보장받기 위해 자신들의 고향을 떠나도록 강요받습니다.

오늘날 이주민의 현실 안에는 헤로데 임금 통치 시기에 피난처를 찾기 위해 도망쳐야 했던 예수님께서 계십니다. 숫자나 통계가 아니라, 한 명의 인간인 그들 각자의 얼굴에서 우리는 굶주리고, 목마르고, 헐벗고, 병들고, 감옥에 갇힌 예수님의 얼굴을 발견합니다(마태 25,31-46 참조). 저는 이주민들이 받아들여지기를 하느님의 이름으로 청합니다.

"너희는 이방인을 사랑해야 한다. 너희도 이집트 땅에서 이방인이었기 때문이다."(신명 10,19)

그들은 가난, 굶주림, 착취, 천연 자원의 불공정 분배와 같은 비극을 겪지 않고자 더 나은 삶을 갈망하는 우리 형제자매들입니다. 날이 갈수록 심각해지는 환경 파괴와 러시아-우크라이나 전쟁으로 인해 2022년에 이 같은 비극은 더 심각한 타격을 입었습니다.

비인간적인 조건에도 불구하고 이주를 선택할 수밖에 없는 현상은 모든 이와 관련이 있는 인도주의적 위기입니다. 이주 문제는 단지 이주민들만을 걱정하는 문제가 아닙니다. 코로나19 대유행이 우리에게 가르쳐 준 것처럼, 우리는 모두 같은 배를 타고 있습니다. 하나로 엮인 '우리'가 있을 뿐입니다. 오늘날 이주 문제의 상징으로 떠오른 레스보스섬을 방문했을 때, 저는 이 같이 말했습니다.

> "모든 이의 미래가 위기에 처해 있습니다. 오직 통합할 때만 모두가 평온할 것입니다."[38]

우리는 이주 문제로 인한 인도주의적 비극에 한탄하면서도 구체적인 대책을 마련하지 못하는 마비 상태에서 회복해야 합니다.

저는 우리가 모두 '환대하기, 보호하기, 증진하기, 통합하기', 이 네 가지 단어의 메아리가 울려 퍼지게 하는 이들이 되도록 초대합니다.

이 단어들은 우리를 이주민들과 형제애 안에서 연대하는 정치 문화로 이끕니다. 또한 동시에 환대하고, 보호하고, 증진하고, 통합해야 하는 변방에 있는 모든 주민과 관계 맺는 법을 알려 주는 기준점이 됩니다.

'환대하기'는 각 나라가 가능한 만큼 문을 여는 일입니다. 얼마나 많은 사람을 받아들일 수 있는지 확인하면서 말이지요. 또한 관료주의적이고 경제적 장애물이 가득한 통로를 쉽게 통과할 수 있도록 적극적으로 돕는 일입니다. 이주민과 난민들이 목적지에 안전하고 합법적인 방식으로 들어갈 수 있도록 말이죠. 환대하기는 마음을 여는 일입니다.

이주민은 한 도시에서 다른 도시로, 한 지역에서 다른 지역으로, 한 나라에서 다른 나라로 이동합니다. 그 과정에서 여러 나라를 거치기도 하고, 강을 건너고, 산을 넘어, 두 개 혹은 그 이상의 대륙을 통과하기도 합니다. 그러므로 인간을 중심으로 한 환대의 역동성에 생명을 불어넣는 국제적 협력이 핵심 과제입니다.

이 같은 방향성 안에서 실질적인 조치가 가능한 여러 계획이 있습니다. 적어도 우리가 거래하는 상품에 허용되는 것과 같은 이동의 자유가 이주민과 난민들에게 주어져야 합니다. 무기, 곧 죽음과 파괴의 도구조차 한 나라에서 다른 나라로 운송되는 데 제한이 거의 없습니다. 무기도 이렇게 쉽게 운송되는데 그저 더 나은 미래를 꿈꾸는 이들이 많은 제약을 받아야 하는 것일까요?

정치 지도자들은 이주민들에게 등급을 매기는 차별적 기준을 없애고 더 나은 환대를 위한 장치를 마련할 수 있습니다. 인도주의적 이유로, 가족의 재결합을 위해 더 쉽게 비자를 발급하고 발급 절차를 간소화하는 노력을 하면 어떨까요? 레바논이나 방글라데시와 같은 국가들이 많은 희생을 통해 남긴 교훈처럼 선진국이 효과적인 환대 정책을 채택하기 위해 여전히 우리가 극복해야 할 저항에는 어떤 것들이 있을까요?

동시에 이 세상이 강제 이주와 대규모 이주의 원인을 제거하지 않는다면, 전쟁과 가난을 피해 도망친 이들을 안전하고 합법적으로 할당된 만큼의 인원만 받아들이기로 한 각 나라의 결정은 위선적이라고 정의할 수 밖에 없습니다. 우리는 대규모 추방을 중단하고, 사람들의 생명을 심각하게 위협하는 추방을 반대해야 합니다. 이러한 현실에 적법하게 대응할 수 있는 국제 법규가 마련돼야 합니다.

불법 거래 네트워크가 자신들의 사업을 확장하려고 하지만 않아도, 많은 사람이 이 길고 위험한 여행을 떠나고 싶다는 유혹을 느끼지 않을 것입니다.

이주민이 우리에게 제공할 수 있는 것은 매우 많습니다. 그들을 받아들인다는 것은 그들과의 만남을 의미하며, 우리가 사는 곳을 풍요롭게 만드는 행동입니다. 다른 이와의 만남은 자신의 존재를 드러내는 일이기도 합니다. 멕시코 시인 옥타비오 파스는 이와 관련해 다음과 같은 구절을 남겼습니다.

> "임종을 맞이하는
> 낯선 이의 손을 만진다

그 손에서 확실히 느껴진다

그 손을 잡아 주는 이 없었음을"[39]

  이주민은 환대받는 것을 넘어 '보호받아야' 합니다. 이주민의 지위는 그들 각자가 처한 개인적 상황 다음으로 중요하게 다뤄져야 하는 부분입니다. 이주민에 대한 보호는 그들의 출신 국가에서도, 모든 여정의 순간에서도, 그리고 목적지에 도착하는 순간까지 보장돼야 합니다. 다시 한번 대사관 차원의 적절한 도움이 필요하다고 강조합니다. 예를 들어 언제나 개인 신분증을 소지할 권리, 정의에 대한 공정한 접근, 가장 기본적인 생계 보장 등이 마련되어야 합니다.

  먼저 환대하고 그 다음으로 보호하는 일, 이 두 가지 자세는 모든 정부에게 자명하게 요청됩니다. 그 다음에 이주민은 '증진되어야' 합니다. 이주민을 향해 문을 열어야 한다는 요청과 함께 이주민의 통합적 발전이 장려되고, 하느님께서 원하신 것처럼 인류를 구성하는 그들에게 모든 차원에서 한 인간으로서 자신을 실현할 가능성이 주어지기를 강조합니다.

  지금 말씀드리는 내용은 일자리와 보건 의료 시스템, 교육과 휴식, 종교에 대한 접근성과 안정된 주거지 확보에 관한 이야기입니다. 이러한 권리 중 하나 이상의 부재에 따른 구체적 결과로 우리의 이주민 형제자매가 고통받지만, 그들에게 접근 가능성을 박탈하는 일은 문을 두드리는 이들이 아니라 그들을 받아들이는 사회와 더 큰 관련이 있습니다.

사도행전의 말씀을 마음에 새깁시다.

"원주민들은 우리에게 각별한 인정을 베풀었다. 비가 내리기 시작한 데다 날씨까지 추웠으므로, 그들은 불을 피워 놓고 우리를 모두 맞아 주었다."(사도 28,2)

이는 바오로 사도가 몰타를 방문했을 때 받은 환대를 언급하는 장면입니다. 사도 시대부터 2023년 제가 몰타를 방문했던 오늘날까지 몰타는 환대의 땅입니다. 우리가 마주한 과제는 '희박한 인간성'을 삶의 일상적 행동 규범으로 바꾸는 일입니다. 일상 안에서 두 팔 벌려 우리 이주민 형제자매들을 인도주의적으로 대합시다. 이를 위해 각 목적지에 도착하는 이주민의 '통합'이 매우 중요합니다. 여기서 통합은 각 문화의 고유한 정체성을 억누르거나 망각하게 만드는 동화를 의미하지 않습니다. 통합과 동화는 다릅니다. 결코 같지 않죠. 이상적인 통합은 모든 이가 서로를 더 잘 이해하는 데 기여합니다. 이주민의 통합을 위해 비영리 기구, 대중 운동, 사회단체, 선한 의지를 지닌 모든 이와 협력하는 주체인 정부 당국이 장기 체류자의 간소한 시민권 취득 절차를 장려할 것을 호소합니다. 일부 국가에서는 해당 국가에서 학업을 마친 학생들에게 시민권을 부여하는 안건을 논의하고 있습니다.

환대하는 이는 인간의 통합적 발전을 증진해야 할 사명이 있으며, 동시에 환대받는 이에게는 해당 국가의 규범은 물론 그곳에서 만나는 고유한 원칙에 적응하려는 자세가 꼭 필요합니다.

다양성과 다문화를 통해 풍요로운 미래를 만들어야 할 때입니다. 사도행전의 다음 구절은 통합, 조화, 평화의 모습을 이상적으로 잘 보여 줍니다.

"파르티아 사람, 메디아 사람, 엘람 사람, 또 메소포타미아와 유다와 카파도키아와 폰토스와 아시아 주민, 프리기아와 팜필리아와 이집트 주민, 키레네 부근 리비아의 여러 지방 주민, 여기에 머무르는 로마인, 유다인과 유다교로 개종한 이들, 그리고 크레타 사람과 아라비아 사람인 우리가 저들이 하느

님의 위업을 말하는 것을 저마다 자기 언어로 듣고 있는 않는 가?"(사도 2,9-11)

성경은 교회가 세례를 받은 날, 성령께서 내려오신 성령 강림 대축일에 예루살렘 주민들이 구원의 선포를 듣는 모습을 이처럼 묘사합니다.

이주민과의 만남의 문화를 구축할 수 있는 역량, 이주민을 대하는 우리의 태도를 위협하는 무관심의 세계화에 대항할 수 있는 역량은 정치에 달려 있습니다.

폴란드 국민들과 정부가 전쟁으로 인해 고향을 떠나야만 했던 수많은 우크라이나인에게 자신들의 집 문을 기꺼이 열어 자리를 내어 준 일을 강조하고 싶습니다. 레바논, 몰타, 그리스 또한 이주민을 향해 마음의 문을 열고 그들을 맞이했습니다. 그러나 지금의 비상사태를 해결하는 데 앞장서는 국가들만 이러한 부담을 감당하도록 그대로 내버려 둬서는 안 됩니다. 저는 러시아-우크라이나 전쟁으로 비롯된 식량 위기가 촉발할 수 있는 결과들을 우려하고 있습니다. 더 창의적이고 담대하게 지속 가능한 새로운 해결책을 모색하기 위해서는 이주 문제와 관련된 모든 나라, 출신 국가, 경유 국가, 목적지 국가 등 관련된 모든 국가 사이에 솔직하고 서로를 존중하는 대화가 핵심입니다.

성경은 우리에게 "손님 접대를 소홀히 하지 마십시오. 손님 접대를 하다가 어떤 이들은 모르는 사이에 천사들을 접대하기도 하였습니다."(히브 13,2)라고 말합니다.

오늘날 복음에 대한 충실성은 환대, 보호, 증진, 통합의 자세입니다. 이주민의 부를 약탈하여 그 위에 세워진 나라, 심지어 오늘날 자국 내 모든 국경에 장벽을 건설하는 장면을 목격하는 것은 얼마나 고통스러운 일인가요! 몇몇 선진국들이 점점 제3자에게 국경 관리를 위임하려는 추세, 지속되는 분쟁 속에서 우리 형제자매들의 추방 처분을 분쟁 중에 있는 해당 국가가 결정하도록 권리를 주는 모습은 우려되는 부분입니다. 선진국이 더러운 먼지가 묻지 않도록 '흰 장갑'을 끼고 이주민을 배척하는 동안 사막, 바다, 위험으로 가득한 땅을 건너는 우리 형제자매들 한 명 한 명의 목숨이 저울 위에서 왔다 갔다 한다는 사실을 깨달아야 합니다.

"너희는 이방인을 억압하거나 학대해서는 안 된다. 너희도 이집트 땅에서 이방인이었다."(탈출 22,20)

인권 증진에 대한 담론을 반복해 온 고대 그리스도교 전통을 지닌 나라들이 전통이 가리키는 방향과 다른 곳을 바라보고, 그들이 추방한 이주민들이 수용된 곳에서 일어나는 일을 어떻게 무시할 수 있나요? 이는 수천 킬로미터 떨어진 고립된 마을에서 일어나는 일이 아닙니다. 오늘날, 매우 가까운 해변에서 일어나는 일입니다. 저는 사람을 사고파는 고통스러운 장소에 대해 증언한 몇몇 기록을 본 적이 있습니다.

우리는 형제자매들의 고통을 목격하고 있으며, 그 앞에서 침묵하고만 있을 수 없습니다. 우리가 우리의 문화 속으로 피해 버리면 우리 형제자매와 통합을 이루지 못할 뿐 아니라, 그들의 경험을 바탕으로 한 풍요로움을 간직할 수 없게 될 것입니다. 그들은 숫자가 아니라 사람입니다! 제 조국의 작가 호르헤 루이스 보르헤스는 다음과 같이 말했습니다.

"한 사람의 역사는 세계 전체의 역사다."[40]

그리고 그들의 이야기는 우리를 둘러싼 주변 세계를 더

잘 이해할 수 있게 해 줄 것입니다. 하지만 우리가 그들을 알고자 하는 첫 발걸음을 떼지 않는다면 그들의 이야기를 결코 들을 수 없겠지요.

우리가 "이해하기 위해 알아가는"[41] 가운데 경계해야 할 또 다른 위험은, 이주민과 난민들이 점점 세상에 드러나면서 그들에 대한 혐오 반응이 우리 안에 자리 잡게 되는 일입니다. 그리스도교 전통을 지닌 국가에서 이주민을 받아들임으로써 일어나는 차별적이고 외국인을 혐오하는 반응이 확산되지 않도록 노력합시다.

더 나은 미래를 위해 고국을 떠나 피신한 이들이 자주 경험하는 이 적대감이라는 위협을 극복합시다. 고의인지 실수인지 모르지만 정부 당국 또는 언론 매체에 의해 이런 위협이 현대 사회에 깊이 뿌리 내리고 있습니다.

오늘날 세상은 날이 갈수록 이 땅을 지배하는 개인주의 문화와 쓰고 버리는 문화의 맥락 속에서 외국인 혐오와 인종차별적 담론에 더 많이 노출되고 있습니다. 인류가 지닌 가치의 위기는 신체적, 정신적, 사회적 안녕의 기준에 부합하지 않는 사람을 소외하고 배제하며 체계적 위협으로 전환합니다. 따라서 무관심과 공포로부터 다른 이를 진정으로 환대하는 태도로 반드시 변해야 합니다.

이런 맥락에서 언론 미디어에 대해서도 이야기하지 않을 수 없습니다. 언론은 이주민에 대한 큰 책임이 있습니다. 저는 언론이 선입견이라는 가면을 벗고 올바른 정보를 전달하며 일부 오류를 고발하기를 바랍니다. 진실과 정직함으로 대다수의 위대한 마음을 전달하길 초대합니다. 환대를 통해 여러 나라에 성공적으로 정착한 많은 이민자들의 사례가 있습니다만, 이들의 이야기는 범죄를 저지른 이민자들에게 할당되는 만큼 지면의 분량이 크지 않습니다.

이주민을 대상으로 한 외국인 혐오 현상은 제 고국 땅에서도 벌어지는 현상입니다. 그곳에서는 낮은 차원의 문명, 곧 이주민의 문명을 '야만인들의 문명'이라고 모욕적으로 하대하는 표현이 있습니다.** 이렇듯 한 민족을 모욕적 형용사로 수식하면서 우리는 그들의 실재와 멀어지게 되고, 그 결과 그들

** 아르헨티나에서는 일상에서 쓰이는 발음이 비슷한 단어를 이용해 원주민을 모욕적으로 지칭하는 표현이 있다. 볼리비아에서 아르헨티나로 온 이주민은 '볼리타'(작은 공), 파라과이에서 아르헨티나로 온 이주민은 '파라과'(우산)라고 부르며, 피부색이 어두운 원주민은 '카베치타 네그라'(머리가 검은 새의 이름)라는 표현으로 부르며 하대하는 문화가 있다.

을 평가 절하하며 그들과 거리를 둡니다. 또한 '미묘한 외국인 혐오'라는 현상도 목격됩니다. 적법한 증명서가 없는 이들의 노동력을 착취하려는 행태가 그러합니다. 이러한 현상은 도시뿐 아니라 시골에서도 발생합니다.

우리는 어떤 방법으로 이 같은 증오와 외국인 혐오를 중단시킬 항체를 배양할 수 있을까요?

이주민과 난민은 새로운 삶을 찾기 위해 온갖 종류의 고통을 감수해야 할 뿐 아니라 많은 경우 한 단계 낮은 등급의 인간이라고 인식되는 십자가를 지고 살아가야 합니다. 이런 인식은 이들을 여러 위험에 노출시키며, 새로운 삶을 찾아 도착한 국가나 도시에서도 마찬가지입니다.

홀로 여행하는 아이들을 생각해 봅시다. 부모의 보호나 동행 없이 홀로 여정을 떠나는 아이들은 종종 인신매매의 대상이 됩니다. 우리는 아이들이 매춘, 잔혹한 포르노 산업의 희생양, 아동 노동 혹은 소년병으로 착취, 마약 거래를 비롯한 여러 형태의 범죄에 연루되는 모든 착취 네크워크를 막기 위한 인식 전환 캠페인을 시작해야 합니다.

안타깝게도 이러한 상황은 어린이만을 대상으로 자행되지

않습니다. 불법 이주민의 신분으로 오랜 기간을 보내야 하는 성인 또한 직장에서 학대나 착취에 많이 노출되어 있습니다.

또한 간혹 이주민과 난민을 통합하려는 열망이 그들을 소위 3D 업종, 즉 위험하고 더럽고 어려운 일자리에만 접근하도록 축소되는 경우도 있습니다. 취약한 상황에 처한 이주민 노동자들이 참 많습니다. 보통 이주민 가족은 국가의 보건 복지 계획, 질병 예방 시스템, 돌봄과 관심, 재정 지원 및 심리 지원 서비스에서 배제되어 있습니다.

전 세계로 코로나19 바이러스가 확산되는 상황은 이러한 어려움을 악화시켰습니다. 코로나19 대유행이라는 비상사태가 발생하고 거리 두기가 필요했던 시기, 반드시 일하기 위해 필요한 많은 핵심 인력이 이주민이었습니다. 하지만 정작 그들은 경제적 지원 계획 및 보건 복지 계획, 백신에 대한 접근과 같은 혜택에서 제외됐습니다.

우리는 이 모든 비정상적인 상황에서 벗어날 수 있는 적절한 방안을 시급히 찾아야 합니다. 여전히 많은 나라에서 이주민 노동자들이 외면받고 법적으로 가정생활의 혜택과 안정을 보장받지 못합니다. 그러나 이주민 가정은 세계화된 세상의 지역 공동체를 위한 핵심 구성원이라는 사실을 잊지 맙시다.

2000년 대희년을 앞두고 요한 바오로 2세 성인 교황님은 20세기를 특징짓는 사건 목록에 끝없는 전쟁, 분쟁, 대량 학살, 인종 청소의 결과로 급격하게 증가하는 난민을 포함시켰습니다. 2025년 대희년을 준비하는 지금, 심지어 2020년의 통계 자료에 따르면 전 세계에서 무려 4,050만 명이 국내 실향민이 되었다는 슬픈 현실이 드러납니다.[42]

21세기에도 무력 분쟁을 비롯해 국내외 실향민을 끊임없이 야기하는 여러 형태의 조직적인 폭력을 대하는 태도에 심오한 변화는 보이지 않습니다. 수많은 사람들이 전쟁, 인권 침해와 박해, 사회·정치적 불안정으로 탄식하며 자신들의 고국과 고향에서 삶 자체를 영위하지 못합니다. 따라서 저는 하느님의 이름으로 이주민과 난민에게 마음의 문을 열길 청합니다.

이주민과 난민들의 얼굴에서

굶주리고, 목마르고, 헐벗고, 병들고, 감옥에 갇힌

예수님의 얼굴을 발견합니다.

더 나은 삶을 갈망하는 우리 형제자매들에게

마음의 문을 열길

하느님의 이름으로 청합니다.

7장

✦

하느님의 이름으로,
사회 내에서 여성의 참여가 장려되고
촉진되길 청합니다

"그리스도인이든 비신자이든 온 세상의 여성 여러분, 역사에서 지극히 중대한 이 시기에 여러분에게 생명이 맡겨져 있으며, 세계 평화의 수호가 여러분에게 달려 있습니다!"[43]

약 60년 전 바오로 6세 성인 교황님은 전 세계의 여성들에게 보낸 메시지를 통해 여성이 모든 사회 분야에서 소명을 성취할 수 있음을 깨닫도록 하는 부르심의 토대를 마련했습니다. 여전히 해야 할 일은 많지만 이러한 방향성 안에서 많은 전진이 있었습니다. 교회 내에서도 여성의 효과적인 참여를 인식하게끔 촉진하는 여러 과정에 착수하고 있습니다.

과거에는 여성들이 세상 안에서 적극적인 역할을 할 것을 당부해 왔다면, 이제는 그 당부를 새롭게 해야 할 때입니다. 세상 안에서 여성의 역할을 강조함과 동시에 그들의 고귀함을 존중해 달라고 함께 요청해야 합니다. 많은 여성이 체험하는 폭력의 상처 앞에서 우리는 여성을 대상으로 하는 폭력과 살해가 사라지고 끔찍한 인신매매가 종식되도록 힘써야 합니다. 나아가 여성의 전문적 성장을 보장하는 공공 정책을 마련하고 출산이 모든 여성의 삶 안에서 커리어와 양립할 수 없는 부분으로 인식되지 않도록 목소리를 높여야 합니다.

여성들의 사회 참여에 대한 인식 증진에 관하여 이야기할 때면, 저는 여성이라는 사실 하나 때문에 목숨을 잃은 모든 여성을 마음속으로 기억하고 있습니다. 모든 인간 생명이 그러하듯, 저는 여성들의 생명 또한 잉태의 순간부터 수명을 다하고 죽는 순간까지 온전히 존중받고 배려받아야 한다고 믿습니다.

최근 수십 년 동안 현실은 여성이 사회 안에서 두드러진 역할을 담당할 경우 더 나은 방향으로 시스템을 변화시킬 수 있다는 다채로운 예를 보여 줬습니다. 정치·경제 분야에서 다양한 경험을 통해 수많은 여성이 수행하는 일들이 뚜렷하게 드러났지요. 혁신적 관점, 더 큰 사회적 감수성, 더 큰 공감 능력, 일상 안에서 돌봄의 차원 등은 사회에서 여성이 수행하는 주된 역할이 어떻게 미래를 위한 희망의 표지가 될 수 있는지 증명했습니다.

코로나19 대유행 기간을 겪으며 우리가 익숙해져 있던 여러 위기가 분명하게 드러났으며, "여성이 대통령 혹은 총리직을 수행하는 나라들이 신속한 결정과 공감 능력을 통해 전반적으로 보다 잘 위기에 대응한 사실"[44]이 알려졌습니다.

이는 희소식입니다. 수년간 여성들은 거의 전적으로 '여성'과 관련되거나 비교적 '온건한' 주제와 관련된 공적 생활에서 의견을 표현하거나 영향력을 행사할 수 있었습니다. 여성이 TV에 출연하면 출산, 패션, 예능과 관련된 주제에 대해 이야기하는 것이 일반적 관행이었지요. 또한 정부 부처에서 일하는 여성은 아동 문제, 사회 복지 문제 또는 기회 균등과 같은 주제를 다루곤 했습니다.

이런 맥락에서 기업 고위직, 문학 베스트셀러 작가 목록의 가장 앞자리, 세계 경제의 진정한 조언자 역할 등에 여성이 등장하는 현상은 희소식입니다. 최근 몇 년 사이 여성이 국가 지도자 역할을 수행하거나 대선 후보자로 출마하는 국가의 수는 점점 증가하고 있으며, 평등의 원칙에 따라 정부 구성 성비가 점점 더 균형을 이루고 있습니다.

때로 저는 우리를 더욱 풍요롭게 만들고 남성의 관점이 더욱 다양해지도록 이끄는 '여성의 관점'을 설명하기 위해 교도소에 관한 예를 듭니다.

여성 교도소장이 관리하는 교도소는 남성 교도소장이 관리하는 교도소보다 더 잘 운영됩니다. 여성은 방향을 알려 주는 나침반 역할을 위한 특별한 감각과 교감 능력을 지니고 있습니다. 특히 회복의 지평 안에서 처벌을 다룰 때 더욱 그러합니다. 여성과 남성이 관리하는 교도소 수감자의 재수감 지표를 비교한 통계가 있는지는 모르겠지만, 흥미 있는 결과가 나올 것이라고 생각합니다. 무엇보다 제 개인적인 경험, 여러 교도소를 방문했던 경험에 의해 이런 말씀을 드립니다. 여성은 언제나 새로운 시스템을 모색하고 수감자를 재배치하며 그들에게 새로운 기회를 줍니다. 아마도 이런 모습은 모성에 따른 것일 수도 있고 또는 단순히 공감 능력과 관점 차이에서 비롯된 것일 수도 있습니다. 여성이 지닌 특별함이 실제로 직접적인 관계가 있는지 알아보는 일은 충분히 깊이 연구할 가치가 있습니다.

평소 저는 의사 결정 과정에 있어 때로 남성과는 다른 실용적이고 현실적인 모습을 보이는 여성들에게 감사함을 느낍니다. 부에노스아이레스 대교구장으로 재직할 때나 교황직을 수행하면서나 이 같은 경험을 했습니다. 저는 종종 행정부나 통치 기구 위원회에 속한 여성이 제안하는 조언에 귀를 기울이곤 합니다. 그 안에는 일명 '여성의 천재성'이라고 불리는 섬세함과 애정이 있습니다. 사회의 다양한 영역에서 점점 더 많은 여성이 활동함으로써 이 섬세함과 부드러움은 또 다른 가치를 창출합니다. 저는 여성들의 이 같은 활동이 더 확장되길 바랍니다. 우리 세계는 더 많은 여성 지도자, 그들의 직관과 통찰, 헌신이 필요합니다.

사회 내 여성의 역할 강화에 대한 교회의 요청은 새로운 것이 아닙니다. 구원 역사 안에서 근본적인 역할을 수행하신 성모님을 생각해 보세요.

교회 내에서 여성의 역할에 대한 논의를 시작하기 위한 핵심 개념은 역할과 지위를 혼동하는 함정에 빠지지 않는 것이라고 생각합니다. 여성을 위한 자리에 대한 논의는 기능의 문제, 여성의 관리직 비율 통계, 또는 권력의 자리를 차지하는 여성의 문제 등으로 축소될 수 없습니다.

저는 교황청 부서가 더 효과적으로 자신의 기능을 수행할 수 있는 조건을 마련하기 위해 여성을 더 많이 임명함으로써 여성을 위한 자리를 만들고자 했습니다. 다행스럽게도 무엇보다 교회 내 여성의 역할은 바티칸 조직 혹은 교황청 핵심 구조가 드러내는 바를 초월합니다. 우리는 분명 앞으로 나아가고 있지만, 여전히 해야 할 일이 많습니다. 이는 단순히 여성을 한 부서의 장으로 임명하는 일에 관한 이야기가 아닙니다. 여성이 자신의 역할을 수행함으로써 여성이 더욱 높이 평가되고, 존중받으며, 인정받을 수 있는 모든 문화적 작업에 대한 이야기입니다. 우리는 바티칸 성벽 내에서 위계적 지위에 여성의 출현을 신뢰하지 못하는 오랜 전통을 이어 왔습니다. 따라서 개방은 결정적인 전환점이 될 수 있는 문화적 과정을 수반해야 합니다.

교회 내 여성의 역할에 대한 논쟁의 또 다른 쟁점은 '교회가 무엇인가?'라는 질문으로 이어집니다. 수 세기에 걸쳐 교회 생활에 여성의 참여가 있어 왔습니다.

변방이라고 불리는 모든 지역, 아마존과 같은 지역에는 교회 공동체 전체를 지도하고 이끄는 여성들이 있습니다. 전 세계에서 여성들이 운영하는 학교의 수가 얼마나 될까요? 로마의 밤비노 제수 병원을 비롯한 많은 병원, 바티칸 시국의 소아과도 마찬가지입니다. 특히 바티칸 시국의 소아과 원장 선생님은 훌륭하게 임무를 수행하고 있습니다.

라틴 아메리카나 다른 여러 지역의 교회에서 수많은 시간 동안 신앙을 전파하고 수호하는 사명을 맡은 이들 또한 토착민의 어머니 또는 마을의 어머니입니다. 파라과이의 한 여성이 떠오릅니다. 그녀는 19세기 말에 3국 동맹이 자행한 학살에도 불구하고 고국을 위로하고 복음의 불꽃이 타오르도록 이끌었습니다. 의심의 여지없이 라틴 아메리카 교회는 끊임없이 다시 태어날 수 있는 무궁무진한 힘을 여성에게 받았습니다.

"사실 역사상 어머니와 할머니에 의해 신앙이 모국어로 전달되지 않은 순간은 없었습니다. 우리가 직면한 고통스러운

유산의 일부는 원주민 할머니들이 그들의 언어와 문화로 신앙을 전수하는 것을 막은 데서 비롯됐습니다."⁴⁵

이 세상 모든 사회가 그러하듯 교회에 있어서도 여성의 역할은 본질적이고 필수적입니다. 성경에서도 부활의 첫 증인이 여성들이었다는 사실을 발견할 수 있습니다. 저는 2013년 교황으로 가진 첫 기자 회견에서 이렇게 말씀드렸습니다.

> "성모님이신 마리아는 사도들, 주교들, 사제들, 부제들보다 더 중요했습니다."⁴⁶

이 정의는 지금도 마찬가지로 유효하며, 우리가 어떻게 성모님의 그 높은 경지에 다다를 수 있을지 성찰할 것을 요청합니다. 곧 교회 내에서 보다 확실하게 여성을 위한 자리를 확대하는 동시에 여성들의 자리를 마련해야 합니다. 여성의 방식과 특성을 존중하지 않으면서 그저 여성을 전시하고자 하는 유혹을 피해야 합니다.

여성의 섬세한 감각이 존중받아야 합니다. 여성을 대상으로 하는 그 어떤 형태의 폭력도 용납할 수 없습니다. 구타, 살해, 인신매매, 성 착취 및 노동 착취는 여성의 존엄에 위협을 가하고, 사회를 위협하는 심각한 범죄입니다. 또한 그리스도의 몸에 상처를 입히는 범죄입니다. '하지만'이라는 조건을 그 어떤 경우에도 용납할 수 없는 이 같은 극단적인 폭력의 상황은 아직 여성에 대한 온전한 인식과 존중이 존재하지 않는 관습, 사회적 공감을 얻을 수 없는 관습과 공존하고 있습니다. 예를 들어 무임금 가사 노동, 육아와 경력 사이에서 선택을 해야 하는 직장 여성, 같은 직업에서의 보수 차이, 진정한 경제적 평등을 만들 수 있는 조건이 부재하는 관습 말이죠. 그러므로 모든 이가 여성을 대상으로 하는 모든 형태의 폭력을 멈춰야 한다고 확고히 말할 수 있어야 합니다.

우리가 살아가는 쓰고 버리는 문화의 사회는 무관심의 세계화라는 특징이 있습니다. 이러한 문화는 여성에 대한 부당한 취급이 만연해지도록 거들었습니다. 다양한 얼굴로 다가오는 부당한 대우는 살인으로까지 이어질 수 있지만, 이런 태도는 일상에 무수히 널리 퍼져 있습니다. 슬픈 마음으로 회칙 〈모든 형제들〉의 한 구절은 다시 한번 반복합니다.

"여전히 전 세계 사회 구조는 여성이 남성과 동일한 존엄성과 권리를 지닌다는 사실을 분명하게 반영하지 못하고 있습니다."(FT 23항)

여성의 권리에 대한 인식이 점점 더 확장되는 것을 우리가 목격하고 있음에도 불구하고, 믿기 어렵지만 동시에 여성에 대한 폭력의 비율 또한 증가합니다. 소위 여성 살해 범죄가 늘어나는 것입니다. 사회 계층, 인종, 연령에 구분 없이 전 세계적으로 확산되는 각종 폭력 사건 가운데 많은 법률이 여성 살해를 특정 범죄의 한 종류로 식별하기 시작했습니다.

21세기에도 여전히 여러 분야에서 여성을 '하위 계급' 시민으로 간주하는 일은 용납할 수 없습니다. 이런 모습은 문화적 뿌리에 의해 발생하며 가장 극단적인 형태의 폭력으로 발전할 수 있습니다. 여기서 핵심은 문화적 배경이며, 이 배경은 국경을 초월합니다.

최근 자료에 따르면 전 세계에서 친지 또는 지인에게 살해당하는 여성과 여자아이의 숫자가 매일 100명이 넘는다고 합니다. 유럽을 포함해 제1세계라고 불리는 많은 국가에서는 일주일에 여성 한 명이 살해당하고 있습니다. 이렇게 여성 살해는 점진적으로 확산되는 팬데믹이라고 할 수 있습니다.[47]

하지만 여성의 생명을 짓밟는 살인이라는 극단적 사건이 아닐지라도 우리는 수많은 형태로 가해지는 여성 폭력의 시대를 살아가고 있습니다. 여성들은 끊임없이 공격, 구타, 폭행의 대상이 되며 성매매에 휘말리기도 합니다.

예를 들어 여성을 거래 대상으로 전락시키는 인신매매가 있습니다. 인신매매는 우리가 점점 스며드는 쓰고 버리는 문화가 잘 드러나는 잔혹한 형태의 범죄일 뿐 아니라, 여성에 대한 남성의 억압적 권력 행사의 징후이기도 합니다. 심지어 엘리트 계급에서도 말이죠.

인신매매는 죽음을 생산하는 악순환의 고리입니다. 인신매매는 빈곤, 이주, 노예 제도와 같은 현대의 여러 비극이 걸어간 어둡고 긴 길을 따라 걸으며 여성과 아이들을 결국 단순한 쾌락의 공급자로 전락시킵니다.

굶주림과 전쟁을 피해 삶의 터전을 떠나는 여성들을 생각해 봅시다. 그들은 인신매매 집단의 손에 넘겨지거나, 더 나은 미래와 유급 노동에 대한 약속을 받고 더 빈곤한 지역으로 유입됩니다. 또는 목적지 국가에 도착해 여권을 도난당하고 매춘의 길로 들어서도록 강요됩니다. 여성들이 길거리나 노예 신분으로 내몰리는 과정에서 공권력이 개입되기도 합니다. 여자아이들은 노동을 강요받고, 돈을 벌어오지 못하면 온갖 형태의 학대를 당합니다.

많은 여성이 이 구조적 폭력, 여성을 거슬러 구조적으로 자행되는 폭력에 저항하고자 하는 용기를 갖고 있습니다. 남성들 또한 여성과 여자아이들에 대한 모든 차별적 행위에 맞서 싸울 소명이 있습니다. 매춘을 일삼는 남성들에게 이 어려움을 극복하고자 하는 여성들이 외치는 슬로건은 다음과 같습니다.

"손님이 없으면, 성매매도 없습니다."

여성은 남성과 같은 존엄을 지닙니다. 5개 대륙 모든 곳에서 그러합니다. 모든 나라에서 그러합니다. 그러나 매년 수많은 여성과 여자아이들이 강제 결혼, 가사 노예 등에 동원되며 그들의 존엄을 침해받습니다. 국제 사회는 차별과 복종에 기초한 이 관계적 모델의 비극적 결과를 수동적으로 바라보고만 있어서는 안 됩니다.

널리 자행되는 또 다른 끔찍한 재앙은 여성 할례입니다. 매년 3백만 명에 이르는 아이들이 여성 할례로 고통을 받으며, 건강을 위협받습니다.[48] 전 세계에 만연한 이 관습은 여성의 존엄을 무너뜨리며 육체의 온전성을 심각하게 위협합니다. 하느님의 이름 안에서 우리는 이러한 관습과 여성에게 가해지는 모든 폭력에 반대합시다.

하지만 진정한 평등을 이룩하기 위해서는 여성에 대한 신체적 폭력을 멈추는 것만으로는 충분하지 않습니다. 권리의 측면, 특히 경제적 권리 측면에서 걸어가야 할 길이 멉니다.

오늘날 많은 사회가 '인구통계학적 겨울'을 맞이하고 있으며, 일부 나라에는 이미 겨울이 왔습니다. 전문가들은 많은 원인 가운데 한 가지로 경력을 포기하지 않으면서 가정을 꾸리려는 여성들을 방해하는 일련의 구체적인 장애물을 지적합니다. 가정 안에서 여성의 역할이 가장 중요한 것은 물론 맞지만, 가정 돌봄에 헌신하도록 여성을 강요하기 위해 '날개를 꺾는 행위'는 해결책이 될 수 없습니다. 정부는 자녀를 낳는 일이 일자리를 잃거나 직업적 성장을 방해하는 것과 동의어가

되지 않도록 출산 정책과 인센티브 정책을 장려해야 합니다.

출산을 장려하고 '부른 배를 감추려는' 의무에서 여성들이 안심할 수 있는 조치가 필요합니다. 자녀들은 민족을 새로 나게 하는 희망입니다. 이런 취지에서 일부 국가들이 태어나는 모든 아이를 위해 법적 지원금을 지급하는 모습을 보게 돼 기쁩니다. 또한 언제나 출산 장려를 위해 여성이 자녀를 돌본 기간을 연금 납입 기간으로 인정하는 조치를 채택한 나라들도 있습니다.

이러한 생각은 교회의 새로운 입장이 아닙니다. 1981년 요한 바오로 2세 성인 교황님은 이미 다음과 같이 분명하게 말씀하신 바 있습니다.

"공권력은 가정의 선익이 시민 공동체의 불가결하고 본질적인 가치라는 확신을 가지고, 가정이 자신의 모든 책임을 인간적 양식으로 완수하는 데에 필요한 모든 보조 ― 경제적, 사회적, 교육적, 정치적, 문화적 보조 ― 를 가질 수 있도록 온갖 조치를 취해야 합니다."[49]

남미 출신의 한 시인은 다음 시를 통해 여성이 가족에게 쏟아부은 사랑과 그녀의 헌신적인 보살핌이 이 세상의 고독과 여타의 악에 대항하는 해독제라는 생각을 남겼습니다.

> "산과 바다도 모두 잠든 밤
>
> 너를 품고 있는 나는
>
> 외롭지 않다
>
> 달이 바다에 빠진 듯 밝게 비추는 밤
>
> 너를 안고 있는 나는
>
> 외롭지 않다
>
> 슬픈 육신이 떠나가고 남겨진 세상에서
>
> 너를 보살피는 나는
>
> 외롭지 않다"[50]

최근 몇 년 간 팬데믹은 경제 위기가 여성에게 훨씬 더 많은 타격을 입혔다는 사실을 드러냈으며, 여성의 온전한 발전을 위한 출산 지원 프로그램의 필요성을 보여 줬습니다. 저는 팬데믹 이후의 세계를 설명하며 다음과 같이 말씀드린 바 있습니다.

"여성에게 시급한 도움이 필요합니다. 육아, 급여, 전문

성 측면에서 말입니다. 여성을 차별하는 일은 용납될 수 없으며 여성이라는 이유로 일자리를 잃어서는 안 됩니다."[51]

여성에게 더 나은 조건을 제공할 역량이 있다는 확신이 우리를 인도하는 힘이 돼야 합니다. 여성은 경제와 미래 사회의 재건에 결정적인 기여를 할 수 있습니다. 그들은 세상을 아름답게 하고 더 포용적이기 때문입니다.

사실 우리가 살펴본 많은 어려움에도 불구하고 여성들은 인류 역사를 잘 이끌어 왔습니다. 이 말은 과장이 아닙니다. 홀로 자녀를 키우는 여성들의 사례는 일상적으로 만날 수 있는 헌신입니다. 또한 온 세상의 수많은 이에게 영감의 원천이 되어 왔고 여전히 영감이 주면서 역사를 이끌어 온 여성들의 이야기는 수도 없이 많습니다.

여성은 사회에 대한 특별한 감수성을 지니고 있으며, 여기에는 대부분의 남성에게서는 볼 수 없는 헌신과 관대함이 있습니다.

저는 〈바베트의 만찬〉이라는 덴마크 영화를 매우 좋아합니다. 영화 속 여자 주인공은 형제애와 단순한 사랑의 힘을 가진 자신의 행동으로 현실을 변화시키는 개인의 가능성을 보여 줍니다. 이는 공동선을 위해 다른 사람에게 자신을 헌신하는 여성의 감수성을 보여 주는 한 예라고 생각합니다.

때때로 이런 감수성은 투쟁이나 권리를 주장하는 운동을 더 잘 준비하게 만들어 줍니다. 특히 비폭력 운동의 경우에 더욱 그러하죠. 예를 들어 몇 년 전 리마 보위와 라이베리아 여성들이 주도한 기도와 평화의 행진은 마침내 정치 지도자들이 제2차 라이베리아 남북 전쟁을 종식하는 협상 테이블을 여는 데 큰 기여를 했습니다.

또한 20세기 초중반 미국에서 사회 정의와 억압받는 이를 위한 변호에 헌신한 하느님의 종 도로시 데이가 있습니다. 여성이라는 이유로 역사편찬사학storiografia에서 인정받지 못하기도 했던 그녀는 가톨릭 노동자 운동의 창시자입니다. 도로시 데이의 사회 활동과 정의를 위한 열정, 억압받는 이를 위한 변호는 복음, 믿음, 성인들의 모범에 영감을 받은 행동이었습니다.

이곳 로마에는 제가 매우 존경하는 프랑스 출신의 제네비에브 수녀님이 있는데, 수녀님은 추운 날이든 더운 날이든 매주 수요 일반 알현에 참석합니다. 이 수녀님은 로마 근교의 가난하고 병든 이들을 위해 매우 인상적인 활동을 수행하고 있습니다. 저는 2015년에 그들을 방문할 기회가 있었고, 여성 수도자의 감수성을 잘 느낄 수 있을 정도로 그간 수녀님이 해 온 엄청난 일을 보고 놀라지 않을 수 없었습니다.

또 얼마 전에는 많은 이에게 또 다른 라틴 아메리카 출신 여성, 믿음과 감수성이 뛰어난 여성에 대해 들었습니다. 온두라스 출신의 마리아 로사 렉골 수녀님은 일찍이 고국의 변화를 위한 행동을 시작했습니다. 70년간 프란치스코회 수녀로서 학대받고 굶주린 아이들 8만 7000명을 돌봤으며, 오늘날 그 아이들은 변호사, 기업가, 의사로 활동하고 있습니다. 그 아이들은 유년기 자신들에게 손을 내민 수녀님을 통해 지금의 경력을 가질 수 있었습니다. 수녀님이 필요한 순간에 올바른 방식으로 행동하는 직관을 가졌기 때문에 가능한 일이었지요. 마리아 로사 수녀님은 팬데믹 기간에 하느님 곁으로 떠났습니다. 아이들을 돌보는 일에 모든 것을 바친 수녀님은 은퇴한 뒤에도 아이들을 돌봐야 한다며 병원을 탈출한 전적(?)도 있다는 에피소드를 들었습니다.

역사의 진보를 이룬 여성을 떠올릴 때 아르헨티나의 '5월 광장' 어머니와 할머니들을 기억하지 않을 수 없습니다. 그들은 비폭력과 모성애가 낳을 수 있는 위대한 두 가지 모범을 보여 줬습니다. 이런 이유로 저는 언제나 그들이 저를 찾아오도록 초대했으며, 그들이 찾아오면 언제나 그들과 만납니다.

그들이 겪은 고통과 같은 괴로움을 간직한 어머니에게는 모든 것이 허용됩니다. 이것이 어머니의 고통입니다. 5월 광장의 어머니들은 자식들의 시신도 찾지 못하고 어디에 묻혔는지도 알지 못한 채 자식을 잃는 비인간적인 고통을 경험했습니다. 사라진 자녀들로 인해 어머니들의 마음은 찢어졌습니다. 어머니에게 이는 극심한 고통입니다. 그런 상황에서 어머니들이 모였고 언제나 평화적이었던 시위로 많은 진전을 이뤘습니다. 우리는 그들이 겪은 고통에 공감하고 존중하며 어머니들의 손을 잡고 그들 곁에서 함께 걸어야 합니다.

우리가 더 풍요롭고 창의적인 미래를 원한다면 모두 여성들의 자리를 마련하기 위해 힘써야 합니다. 가톨릭 사회 교리는 다음과 같은 사실을 가르칩니다.

"노동 분야에 여성의 존엄과 소명을 침해하는 갖가지 형태의 차별이 존속하는 것은 여성에게 불리한 일련의 오래된 제약 때문이다. 곧 여성의 요구는 왜곡되기도 하였고, 여성들은 사회에서 소외되고 노예처럼 격하되기도 하였다."(CDS 295항)

그러므로 저는 하느님의 이름으로 사회 내에서 여성의 참여가 장려되고 촉진되길 청할 뿐 아니라, 그것을 넘어 전 세계적으로 아직 극복하지 못한 모욕적인 상황 앞에서 여성을 죽이고 그들의 존엄성을 훼손하는 모든 일을 중단할 것을 당부합니다. 이런 행위를 하는 이는 예수 그리스도까지도 모욕하는 사람입니다.

모든 나라에서 여성은 남성과 같은 존엄을 지닙니다.

그러므로 여성을 대상으로 하는 그 어떤 형태의 폭력도

용납할 수 없습니다.

더 풍요롭고 창의적인 미래를 원한다면

여성들의 자리를 마련하기 위해 힘쓰기를

하느님의 이름으로 청합니다.

8장

하느님의 이름으로,
가난한 나라들의 성장 필요성을 인식하고
그들을 지원하길 청합니다

❖

　코로나19 대유행 기간 동안 세계에서 가장 부유한 10명의 재산이 두 배로 증가했습니다. 세계 인구의 가장 부유한 1%가 전 세계 부의 32%를 소유하고 있습니다. 옥스팜이 발표한 〈2022년 불평등 보고서〉에 따르면, 전 세계의 소득 집중 수준은 20세기 초와 비슷하며, 하위 50% 인구의 소득 총합은 전체 부의 2%에도 미치지 못합니다. 부자들은 더욱 부유해졌고, 가난한 이들은 더욱 비참해졌습니다.

　오늘날의 시스템은 사람을 죽이고, 배제하고, 부를 한쪽으로 집약합니다. 이런 맥락에서 재물을 우상화하는 경제에서 사람을 먼저 생각하고, 인간의 존엄과 관계를 중심으로 하는 경제로 전환하는 일이 매우 중요합니다. 따라서 저는 하느님의 이름으로 극빈국의 성장 필요성을 인식하고 그들을 지원할 것을 청합니다.

전문가들의 진단은 불평등을 정당화하려는 모든 이념적 시도에 관한 식별력을 키우는 데 도움이 됩니다. 우리는 "배척과 불평등의 경제에 반대"(EG 53항 참조)한다고 말해야 합니다.

전 세계로 확산된 감염병의 종식은 오늘날 세계와 경제를 힘의 논리로 이해하려는 방식에서 낭비할 수 없는 좋은 기회입니다. 우리는 모두 한 가족이라는 사실로 세상을 이해해야 합니다.

최근 2년간의 통계 또한 낙수 효과trickle-down 이론의 실패를 드러냅니다. 낙수 효과 이론에 따르면 대다수는 더 많이 가진 이들의 잔이 가득 차는 모습을 바라보고만 있어야 하며, 잔에서 넘친 몇 방울이 소외된 이들의 무리에 떨어질 때까지 기다려야 합니다. 하지만 힘 있는 자들의 잔은 넘쳐흐르며 존엄과 정의에 목마른 이들은 점점 더 많아집니다. 한편 "잘 먹고 잘살자는 문화가 우리를 마비시키며"(EG 54항), 불평등이 커지는 현상을 수동적으로 지켜보기만 하는 구경꾼 문화를 만들어 냅니다. 그나마 좋은 소식은 이제 이러한 문화를 거부할 수 있다는 사실입니다.

이 시스템은 병든 시스템입니다. 세계가 점점 부유해지는 동안 우리는 우리 공동의 집을 끊임없이 괴롭혀 왔으며 가난한 사람은 매일 늘어나고 더욱 가난해졌습니다. 수억 명의 사람이 음식도, 집도, 건강도, 전기도 없는 극심한 빈곤 속에서 매일을 살아갑니다. 냉소주의가 가득한 행성에 '결핍된 것들'의 목록이 너무나 많습니다. 한 국제기구는 매년 약 600만 명의 아이들이 극심한 빈곤으로 사망한다고 추산했습니다. 이 세계를 냉소적이라는 말이 아닌 다른 말로 어떻게 정의할 수 있을까요.[52]

가난으로 인한 우리 형제자매의 죽음은 불가피한 일이 아닙니다. 우리 모두가 기여하는 이 불공정한 부의 분배 또한 피할 수 없는 일이 아닙니다.

많은 국가 안에서 팬데믹이 상당히 진정되고 있는 지금은 '새로운 일상'에 대한 이야기를 시작할 때입니다. 하지만 이 수치스런 통계가 정상적인 상태를 유지하는 일은 용납할 수도 없으며 용납해서도 안 됩니다. 소수의 부유한 이들이 그 어느 때보다 더 많은 이익을 얻는 대가로 다수의 빈곤한 이들이 점점 더 가난해지는 것은 세계 경제의 회복이 아닙니다. 우리가 누려온 사회·경제적 모델은 공정하고 지속 가능한 모델이 아닙니다.

우리가 앞으로 살아가게 될 사회적·경제적 시스템의 재구성은 시장의 손, 즉 한편에서 주장하는 보이지 않는 손에 맡길 수 없습니다. 교황청 신앙교리성(현 신앙교리부)과 교황청 온전한 인간 발전 촉진을 위한 부서(현 온전한인간발전촉진부)는 공동으로 서명한 문서에서 다음과 같이 천명했습니다.

"경제와 금융이라는 주제가 오늘날과 같이 우리의 이목을 집중시킨 적이 없습니다. 대다수 인류를 위한 물적 복지에 대한 시장의 영향력이 그만큼 커졌기 때문입니다. 따라서 올바른 식별을 위해 한편으로는 그들의 역학 관계에 대한 적절한 규제가 필요하며, 다른 한편으로는 경제적 메커니즘이 스스로 생산해 낼 수 없는 인간관계의 질적 측면에 대한 복지를 보장하는 명확한 윤리적 기반이 필요합니다."[53]

기회로 가득한 오늘날 세계에서 우리는 가난을 종식하는 데 아무런 문제가 없어야 합니다. 우리 인류에게 무슨 일이 일어났길래 사회적 약자를 어떻게 포용하고, 먹이고, 돌보고, 입힐지를 고민하며 하루를 시작하지 않게 되었을까요? 이 세계에서 어떤 시스템을 우선적으로 선택할 것인지는 우리에게 달려 있습니다. 불공정을 약화시키고 근절하기 위해 노력하는 시스템을 선택할 것인지, 불공정을 정당화하고 확장시키는 시스템을 선택할 것인지 말이죠.

저는 이 죽음의 시스템을 무관심과 쓰고 버리는 문화의 세계화의 일부로 정의했습니다. 요한 바오로 2세 성인 교황님은 회칙 〈사회적 관심〉을 통해 우리 세상을 규정하는 "역효과의 메커니즘"을 정의한 바 있습니다. 역효과의 원인은 경제적, 정치적 원인뿐 아니라 도덕적 원인을 포함합니다. 요한 바오로 2세 성인 교황님이 지적한 세계는 "죄의 구조"(SRS 36항)에 종속된 세계입니다.

새로운 국제 금융 구조의 필요성에 대해 이야기할 때는 그 구조를 변화시키려는 목적으로 해야 합니다. 현재의 시스템을 구축하는 데 필요했던 방식들은 현 상황을 벗어나기 위한 가장 적절한 도구가 아닐 수 있습니다. 국제 금융 구조에 관한 새로운 밑그림은 어머니인 대지에 더욱 포용적인 모델이어야 합니다. 지역 공동체의 발전에 더 관심을 갖고, 교육과 기반 시설에 대한 투자와 보조금에 더 집중하며, 특히 최근 몇 년

간 국제 사회가 거의 고려하지 않았던 땅에 관심을 가져야 하지요.

우리는 모두 경제적 불공정을 종식하는 과제에 책임이 있습니다. 우리가 다양한 차원에서 각각의 책임을 갖고 있는 것이 맞지만, 정의는 우리 모두의 책임을 요청합니다. 정부와 다자간 신용 기관의 단호한 다짐이 필요합니다. 민간 기업, 공공 기관, 사회를 구성하는 모든 조직 차원의 굳은 다짐이 필요합니다.

현재의 국제 금융 구조가 합법적이라고 고려되는 상황들이 있지만, 개발 도상국에 대한 고리대금, 소송 산업과 벌처 펀드의 투기, 국가 이익보다 강력한 다국적 기업에 대한 우선적 보호, 공공 재정에 피해를 주는 조세 피난처를 이용한 조세 회피와 탈세의 메커니즘 같은 사례는 현재 구조가 비도덕적임을 증명합니다.

이런 맥락에서 특히 금융 그룹과 국제 신용 기관이 빈곤국 국민을 위한 기본적인 필요를 보장해야 합니다. 또한 해당 국민의 이익에 반하는 상습적 계약으로 야기된 부채를 탕감할 필요가 있습니다. 빈곤국에 개발 지원을 제공하고 지나치게 많은 부채를 탕감하는 일은 공동의 책임입니다. 마찬가지로 부채를 감당할 능력이 없는 정부에 부과된 막대한 부채, 또는 해당 국가의 미래를 수년 동안 저당 잡은 동일한 경영진의 합법성이 의심스러운 부분에도 공동의 책임이 있습니다. 이 문제는 부채에 대한 이자 비용에만도 국가의 회복에 필수적인 사회 프로그램이나 기반 시설 확충과 같은 계획에 할당할 수 있는 재원을 소비한다는 점을 감안할 때 해결책을 마련하기는커녕 나날이 심각해져가는 상황입니다.

요한 바오로 2세 성인 교황님은 이미 1991년에 이러한 상황이 얼마나 심각한지를 언급했습니다.

"차용한 부채가 감당할 수 없는 희생의 대가로 상환되도록 요구하는 것은 불가하다. 이러한 경우에는 ― 실제로 부분적으로는 이미 실시하고 있는 ― 부채를 감소시키거나 연기하거나 또는 탕감하는, 민족들의 존속과 발전을 위한 기본 권리와 조화를 이룰 수 있는 방법을 찾아낼 필요가 있다."[54]

이것은 합법적인 부채의 상환 권리를 존중하지 않아도 된다는 의미가 아닙니다. 하지만 부유한 국가가 많은 가난한 나라에 부과한 이 의무를 수행하는 방식이 빈곤국의 생계와 성장을 위태롭게 하지 않도록 해야 한다는 의미입니다. 따라서 새로운 금융 구조는 부채의 윤리적 측면에도 초점을 맞춰야 합니다.

온전한 인간 발전에 초점을 맞춘 인본주의적 관점이 필요합니다. 빈곤국이 부채를 갚기 위해 지출하는 모든 지출을 국내 총생산GDP의 일부로 볼 수 없습니다. 부채 상환에 할당되는 이러한 지출 뒤에는 건설되지 않은 학교, 의료 도구 없는 병원, 이름을 가진 사람들에게 피해를 입히고 영향을 끼치는 사회 구조가 존재합니다. 무엇보다 금융 투기를 통해 채무권을 획득한 투자 펀드가 부채 상환을 강요하는 행위는 도덕적으로 진정 유감스러운 관행입니다.

소위 역외 회사Offshore company들은 더 걱정스러운 원인을 제공합니다. 의료나 교육 지원을 위해 사용해야 할 세금 수천억 달러가 매년 조세 피난처의 계좌에 축적됨으로써 사회 복지에 힘쓰는 모든 이의 품위 있고 지속적인 발전 가능성을 저해합니다. 실물 경제에서 자원을 착복하는 방식을 넘어서 이러한 탈세 구조 또한 많은 경우 더러운 돈을 세탁하는 것이 목표입니다.

앞에서 언급한 교황청 두 부서의 공동 문헌은 다시 한번 다음과 같이 지적합니다.

"일부 부자들이 조세 피난처에 축적한 개인 자산의 규모는 거의 여러 국가의 공공 부채와 맞먹는 수준입니다. 이는 또한 실제로 빈곤국이 지닌 부채의 근원에 얼마나 자주 민간 주체에 의해 생성된 채무가 존재하는지, 나아가 공공 시스템에 의해 그 채무가 어떻게 탕감됐는지를 드러냅니다. 무엇보다 중요한 경제 주체들이 종종 정치인들의 묵인 아래 안정적인 방식으로 손실을 사회화하는 관행을 추구하는 경향이 있다는 것은 잘 알려진 사실입니다."[55]

가난한 나라의 성장을 지원하고 장려하는 일은 핵심적인 문제입니다. 오늘날 전 세계 상호 의존 관계는 합리적이고 협의를 이룬 공공 부채 감소 정책이 부채와 직접 관련 있는 국가에게 해결책을 마련할 뿐만 아니라, 잠재적으로 구조적 위기가 '전염'될 수 있는 상황을 방지해 국제 경제 시스템에 필요한 백신을 만들 수 있는 수준에 이르렀습니다. 오늘날 민족 컨소시엄의 공동선을 위한 경제를 확립하기 위해 필요한 합의는 점점 더 달라진 양상으로 나아갈 수 있습니다.

동시에 저는 경제적 차원의 근본적인 변화뿐 아니라 진정으로 온전한 인간 발전을 촉진할 수 있는 새로운 질서 체계를 요구하는 민중 운동을 볼 수 있어 기쁩니다. 제가 말하는 민중 운동은 '지역, 민족, 투쟁'의 모습을 담은 다면적 복합체를 말하는 것으로, 불안정한 비정규 노동자들, 사회에서 매일 쓰고 버려지는 희생자들이 조직한 다양한 그룹과 연합입니다. 그들은 새로운 미래를 위한 씨앗이자 진정한 사회 변혁을 위한 지렛대의 살아 있는 예시입니다. 그들은 무언가를 변화시킬 수 있는 길이 있다는 것을 우리에게 보여 주기 위해 세상에 등장했습니다.

또한 그들은 공동선과 재물의 보편적 목적이 가톨릭 사회 교리에 깊이 뿌리박혀 있다는 사실을 상기시킵니다. 하느님께서는 재화가 모든 이를 위한 것이 되기를 원하셨습니다. 스페인어로 '3T', 즉 '땅Tierra, 집Techo, 노동Trabajo'은 모든 사람에게 주어져야 합니다. 분명히 말하면 이 세 가지 기본권은 단순한 규범적 형식이 아니라 민주주의의 불가결한 전제 조건입니다.

저는 대중 운동의 핵심이 되는 땅, 집, 노동, 이 세 가지 측면을 간략하게 검토해 보는 것이 좋겠다고 생각합니다.

땅

재화의 보편적 목적은 "하느님께서는 온 인류에게 차별과 편애 없이 땅을 주시어 그 모든 구성원들이 생명을 유지하게 하셨다."(CDS 171항)라는 창조적 기원을 바탕으로 합니다. 동시에 "교회의 사회 교리는, 공동선과 필연적 관계가 명백한 사적 소유권은 어떤 형태라도 사회적 기능이 있음을 인정하기를 요구"(CDS 178항)합니다.

대중 운동의 어떤 목소리는 일부 원주민 공동체 조상들의 전통적 가르침의 맥락에서 어머니인 대지의 자원을 지속 가능하고 조화롭게 사용할 수 있는 땅의 공동 소유 형태를 장려합니다. 많은 국가에서 주요 식품 공급원을 구성하는 소규모 생산자 모델은 건강한 토양을 유지하고 생물 다양성을 중시하는 규범 안에서 보호되고 자극받은 경험을 지닙니다. 넓은 토지에서 많이 실행되는 단일 품종 재배 방식과는 매우 다르지요.

따라서 우리는 소규모 생산자들이 가족 농업 모델 또는 소규모 공동체 모델에 따라 조직화해서 토지에 접근할 수 있도록 어떤 새로운 용이성을 부여해야 한다는 사실에 대해 논의해야 합니다. 그들을 보호하는 장치가 없다면 소규모 생산자들은 대규모 생산자의 활동에 의해 자신들의 땅에서 추방될 위험에 노출됩니다.

소규모 생산자 모델은 위에서 언급한 문제 중 일부를 해결할 수 있는 농업 개혁이기도 합니다. 전임 교황님들은 이미 모든 이의 토지에 대한 권리를 보장하는 개혁에 찬성하는 입장을 표명하며 이 개혁이 "전 세계의 기아와 빈곤을 근절하는 데 가장 중요한 기능을 하게 될 것"[56]이라고 지적했습니다.

제2차 바티칸 공의회의 교부들 또한 사목 헌장 〈기쁨과 희망〉을 통해 다음과 같이 분명한 입장을 밝혔지요.

"경제적으로 발전하지 못한 많은 저개발 지역에 광대한 농토가 반쯤만 경작되거나 사리를 위하여 전혀 경작되지 않은 채 방치되어 있는데도 국민의 대부분은 땅이 없거나 아주 작은 전답만을 가지고 있으며, 또 다른 한편으로는, 농토의 수확 증대는 분명 절실히 요청되고 있다."(GS 71항)

집

저는 회칙 〈모든 형제들〉을 통해 요한 크리소스토모 성인의 생각을 소개한 적 있습니다. 성인은 "자신의 재산을 가난한 이들과 나누지 않는 것은 그들의 것을 훔치는 것이며, 그들의 생명을 빼앗는 것입니다. 우리가 가진 재물은 우리의 것이 아니라, 가난한 이들의 것입니다."(FT 119항)라고 가르칩니다.

같은 맥락에서 대 그레고리오 성인은 분명히 말했습니다.

"가난한 이들에게 필수적인 물건들을 줄 때, 우리는 그들에게 우리의 것을 선물로 베풀어 주는 것이 아니라 그들의 것을 돌려주는 것입니다."(FT 119항)

오늘날 우리는 민중 운동을 각성시킨 이 병든 시스템이 과연 어느 지점까지 와 있는지 폭로하는 역설을 목격합니다. 점점 많은 이들이 대도시에 밀집해 살며, 시골에서는 날마다 빈집이 증가합니다. 한 이탈리아 작가는 이러한 현실을 다음과 같이 묘사했습니다.

> "지나치게 커져 버린 대도시의 위기는 환경 위기의 또 다른 얼굴이다."[57]

적당한 집의 필요성을 부동산 시장의 움직임에 따른 단순한 결과가 아니라 하나의 권리로 여기는 종합적인 주택 정책의 부재는 많은 국가에 만연한 악입니다. 우리는 거의 대부분의 편의 시설이 자동화된 고급 주거 구역이 위생, 물, 전기 등 기본 서비스에 접근할 수 없는 불안정한 대규모 판자촌과 인접한 모습을 볼 수 있습니다. 이러한 현실을 비롯한 다른 여러 문제, 특히 젊은이들이 자기 집을 마련하기 점점 더 어려워지는 상황은 우려를 자아냅니다.

이런 이유로 저는 생산성이 없는 대규모 토지뿐만 아니라 빈집에도 세금을 부과하는 몇 가지 제안들을 흥미롭게 접했습니다. 교회는 "그리스도교 전통은 사유 재산권을 절대적이고 침해할 수 없는 것이라고 인정한 적이 없다."(CDS 177항)라고 가르치기 때문에, 사유 재산의 사회적 기능 회복을 목표로 하는 지방 정부의 다른 여러 제안도 주목할 만한 가치가 있습니다.

노동

제가 더 심화하고 싶은 세 번째 'T'는 오늘날 "가장 큰 문제"(FT 162항)인 고용 문제, 즉 노동 문제입니다. 인간을 중심으로 생각하는 노동 시스템을 위한 모든 발상은 다양한 일자리의 원천을 만들어 내는 일을 근본으로 해야 합니다. 이는 정부, 기업가, 노동조합, 대중 운동 등의 책임이 한 자리에서 만나는 오늘날의 큰 과제입니다.

21세기 첫 거대한 경제 위기는 많은 국가에 심각한 결과를 초래했습니다. 유럽의 일부 국가 중에도 젊은이의 절반이 일자리가 없습니다. 세계의 다른 여러 지역에서는 노동 시장에서 소외된 수백만 명의 사람을 흡수하는 것이 명백하게 불가능한 현실에 직면해 실직자를 위한 지원이 일반화됐습니다.

노동은 인간에게 존엄성을 부여하는 주요한 도구 중 하나입니다. 물론 팬데믹 시기가 그러했듯, 사람들에게 특별 보조금이 필요한 특별한 상황이 있습니다. 하지만 사회 보장 계획은 언제나 일시적인 해결책이며, 궁극적인 해결책이 아닙니다. 복지 정책은 삶의 방식이 아니라 정치일 뿐입니다. 실제로 보조금은 식품을 비롯한 기타 재화에 접근할 수 있는 원조금을 제공하지만, 존엄성을 보장하는 것은 노동입니다.

어떻게 해야 정치가 모든 사람이 자신의 역량과 책임으로 열매 맺을 수 있는 가능성을 보장하는 위대한 목표에 관심을 둘 수 있을까요? 오늘날 로봇 공학과 인공 지능이 전 세계 수백만 명의 직업 안정성에 위협이 될 수 있기 때문에 이 같은 논의는 더욱 필요합니다.

그런데 노동으로 인정되지 않는 직업이 많습니다. 즉 가족 구성원을 돌보는 일, 아이들을 돌보는 일, 또는 일정한 급여를 받는 특정 봉사활동 같은 직업이 있습니다. 이런 직업에 종사하는 이들은 많은 경우 여성입니다. 그래서 저는 이런 상황을 부분적으로나마 보상할 수 있는 보편적 기본 임금에 대한 발상에 찬성합니다. 이런 제도는 일부 작업장에서 터무니없이 적은 임금을 지불하지 못하도록 도울 것입니다. 일부 국가에서 실업률이 높기로 유명한 이 소수의 작업장들은 다음과 같이 말하며 노동자를 쓰고 버리는 도구로 취급합니다.

"이 액수가 마음에 안 들면 떠나세요. 당신 대신 일할 사람은 차고 넘치니까요."

같은 맥락에서 일일 또는 주간 노동 시간 단축에 대해서도 말씀드린 바 있습니다. 많은 나라에서 주 4일 노동을 평가하기 위한 실험 근무를 실시합니다. 아마도 이러한 시도는 노동자 간의 더 큰 연대를 만들어 내고 임금 지출을 줄이기 위해 착취당하는 실직자들을 줄이면서 가능한 노동 시간을 조절하는 데 도움이 될 것입니다.

땅, 집, 노동에 대한 접근 문제를 넘어 더 이상 전 세계적 차원의 식량 분배에 존재하는 심각한 불평등 또한 외면할 수 없습니다. 우리는 빈곤, 노숙인, 적정 임금과 건강한 토지의 결여와 같은 이유로 비난받지 않는 부유한 세상에 살고 있지만, 우리 형제자매들이 필요한 양의 식량을 섭취하지 못해 죽어가고 있다는 사실을 당연하게 생각해서는 안 됩니다.

지구는 110억 명이 먹을 수 있는 식량을 충분히 생산할 수 있으며, 오늘날 전 세계 인류는 80억 명에 미치지 못합니다. 하지만 유엔 5개 기관(FAO, IFAD, UNICEF, PAM, OMS)이 공동 발표한 〈2022년 세계 식량 안보 및 영양 현황 보고서〉(SOFI)에 따르면, 2021년 전 세계에서 기아로 고통받는 이들의 수는 8억 2800만 명으로 증가했습니다. 이는 2020년과 비교해 4600만 명 증가한 수치며 코로나19 바이러스 전염병 발생 이

후 1억 5000만 명이 증가한 수치입니다. 이는 2030년까지 모든 형태의 기아, 식량 불안, 영양실조를 없애겠다고 국제 사회가 설정한 목표에서 어떻게 멀어지고 있는지를 보여 주는 충격적인 지표입니다.

식량이 충분함에도 불구하고 모든 이가 식량에 접근할 수 없다는 사실, 일부 지역에서는 식량이 버려지거나 과도하게 소비된다는 사실, 인류가 먹기 위함이 아닌 다른 목적으로 식량이 낭비된다는 사실을 마주하는 것은 참으로 비참한 일입니다.

우리 형제자매의 빵을 생각할 때 우리는 더 이상 시장 중심의 낙관론을 가질 수 없습니다.

모든 인류가 안정적이고 지속적으로 식량에 접근하려면 어떤 방법을 사용할 수 있을까요? 우크라이나에서 발발한 전쟁 초기에 드러난 모습처럼 전쟁이 일어나면 초기 몇 주간 원자재 가격이 폭등하는 상황 속에서 우리는 세계 식량 안보에 대해 어떻게 생각해야 할까요?

전 세계 식량의 1/3이 버려지고 있다고 추정됩니다. 많은 경우 나쁜 분배 시스템으로 인해, 또 다른 경우에는 미적 기준에 의해 외관에 어떤 특징이 없다면 땅의 산물이 버려집니다. 이런 모습을 지속할 수는 없습니다. 버려지는 음식은 가난한 이들의 식탁을 도둑질하는 것과 같습니다.

기아는 여전히 우리 세계의 가장 심각한 재앙 중 하나이며, 매년 수백만 명의 아이들이 사망하는 원인입니다. 유니세프의 통계에 따르면 약 1억 6200만 명이 만성 영양실조와 영양 부족으로 고통을 겪으며, 이는 인지 발달 장애, 당뇨, 심혈관 질환 등 다양한 질병의 발병 원인이 됩니다.

우리는 하나의 전염병을 극복하고 있지만, 아직 다른 전염병이 남아 있습니다. 미국의 한 시인은 다음과 같은 시를 남겼습니다.

> "희망은 날개 달린 것
> 영혼 속에 물들면서
> 가사 없는 노래를 부르면서
> 결코 멈추는 일이 없다."[58]

우리의 희망은 온 인류를 하나로 묶을 수 있는 명분에 근거해야 합니다. 우리는 조용하지만 치명적인 기아와의 싸움에 쉬지 않고 계속 움직여야 합니다.

돈과 우리의 관계가 지금처럼 지속되면 안 됩니다. 돈은 인간을 지배하는 것이 아니라 섬겨야 합니다. 목적이 아닌 수단이어야 합니다. 따라서 우리는 축적과 낭비의 문화를 반대하고, 이 땅의 모든 주민이 땅, 집, 일자리, 식량을 가질 수 있도록 글로벌 연대 시스템을 구축해야 합니다. 하느님의 이름으로 이 땅의 모든 가난한 이, 버려진 이, 소외된 이를 위해 청합니다.

가난으로 인한 우리 형제자매들의 죽음은

불가피한 일이 아닙니다.

불공정한 부의 분배 또한 피할 수 없는 일이 아닙니다.

이 땅의 모든 주민이

땅, 집, 일자리, 식량을 가질 수 있기를

하느님의 이름으로 청합니다.

9장

하느님의 이름으로,
모든 이에게 건강에 대한 권리가
보장되길 청합니다

코로나19 바이러스는 전 세계 차원의 위기를 초래하며 우리가 어떻게 이 위기에서 벗어나고 싶은지 스스로 질문하도록 만들었습니다. 코로나19 대유행은 대다수 인구의 복지를 위해 참을 수 없는 수준에 다다른 모든 형태의 불평등을 야기한 불의한 시스템의 가면을 벗겼지요.

팬데믹은 우리가 지닌 취약성을 더 가시적으로 드러냈으며, 이미 인류가 훼손하던 사회적, 환경적 상황을 가속화하고 악화시켰습니다. 우리는 분명 이 위기에서 예전과 똑같은 모습으로 돌아갈 수 없습니다. 그래서 저는 이 기회를 활용하여 구체적인 방법으로 보건 시스템에 보편적으로 접근할 수 있기를, 세계 보건 전략에 대해 생각할 때 인간의 온전한 발전을 중심에 두기를 하느님의 이름으로 청합니다. 특히 어린이와 노인 등 취약 계층에 대한 각별한 배려와 모든 면에서 생명의 존엄성을 존중해 줄 것을 청합니다.

여러 전문가들의 협력과 기술 덕분에 한층 빨리 코로나19 대유행을 극복하게 해 준 백신을 얻을 수 있었습니다. 적어도 빠르게 백신을 구할 수 있었던 나라들은 말이죠. 우리는 이 위기를 극복하고 있지만, 그 사실이 우리의 시야에서 불의를 가려서는 안 됩니다. 전 세계로 확산된 이 위기는 "기후, 식량, 경제, 이주 문제와 밀접하게 연관된 위기"[59]라는 무거운 짐을 어깨에 짊어진 이들은 언제나 가난한 이들이라는 사실을 다시 한번 드러냈습니다.

여러 나라에서 진행된 백신 분배와 백신 접종 캠페인은 이미 지배적이었던 불평등 구조를 더욱 여실히 드러냈습니다. 특히 코로나19 바이러스가 출현하기 전에도 보건 분야에서 심각했던 불평등을 말입니다.

실험실을 보유한 많은 선진국의 백신 접종 수준을 보면 빠른 속도로 성인 인구 대부분이 백신을 맞았습니다. 이렇게 선진국은 사회·경제적 마비로 손실된 비용을 복구하고, 회복 절차에 착수할 수 있었지요. 나아가 대유행 이전 수준으로 회복하거나 심지어 그 수치를 넘어섰습니다.

반면에 저개발 국가들은 백신이 전 세계적으로 퍼져 나가는 모습을 보며 수년 동안 그들의 발전을 방해했던 구조적 문제와 동일한 문제가 지속되고 있음을 확인했습니다. 일부를 제외하고, 그들은 백신이 상품처럼 거래되는 동안 자신들을 운명에 맡겨야 했습니다. 전 세계 차원의 보건 위기가 요구한 공감, 연대, 형제애를 느끼지 못한 채 말이죠.

팬데믹이 창궐할 무렵, 저는 성 베드로 광장에서 분명히 말했습니다.

"아무도 스스로를 구원할 수 없다."[60]

당시 기도를 바치고 2년 이상이 지난 지금, 연속적인 변이 바이러스가 출현했던 상황을 통해 우리는 인류 가족이 모두 전염병이라는 폭풍우가 치는 바다 위에서 같은 배를 타고 있다는 사실을 깨달아야 합니다. 우리는 가난한 이를 위한 우선적 선택만이 오늘날 전 세계 차원의 위기를 해결할 수 있는 유일한 답이라는 사실을 인식할 때, 비로소 안전한 항구에 도착할 수 있다는 희망을 품을 수 있습니다.

저는 백신이 효과가 없다는 주장이나 초국가적 공조를 암시하는 백신 거부 운동이 확산되고 있음에도 불구하고 여러 정부의 백신 접종 캠페인이 자국민의 높은 예방 접종률을 달성했다는 점을 강조하고 싶습니다. 하지만 동시에 백신의 원재료가 논쟁, 편견, 거부의 이유가 되지 않도록 하기 위해 아직 가야 할 길이 많이 남아 있습니다. 때때로 보건 과학적 배경보다 지정학적 배경이 이러한 거부에 더 큰 영향을 줍니다.

코로나19 바이러스 백신은 인류의 공동선으로 간주해야 하며, 이는 건강에 대한 보편적인 접근으로 향하는 길로 이어져야 합니다. 코로나19 대유행은 모든 인류 가족 사이에 존재하는 상호 관계성을 명확히 보여 줬습니다. 글로벌 해결책은 코로나19와 다른 질병의 치료법에 대한 보편적 접근을 통해서만 보장될 수 있기 때문입니다.

이런 맥락에서 저는 최근 국제적 차원에서 백신의 공정한 분배를 보장하고자 하는 메커니즘으로 새로운 형태의 연대를 창출하는 다양한 계획에 감사를 표합니다. 경제적 기준이 아닌 모든 이, 특히 가장 취약하고 궁핍한 사람들의 필요를 고려하는 계획에 감사합니다. 이 같은 조치가 다른 의약품, 특히 희귀병과 소아 난치병 등에 필요한 의약품에 있어서도 비슷한 계획의 토대를 마련하는 데 도움이 되길 빕니다. 이러한 병으로 고통받는 이들이 의약품에 접근하지 못하는 경우가 매우 많기 때문입니다.

저는 백신 접종이 이웃을 위한 "사랑의 행위"이자 팬데믹 탈출로 향하는 길 위에서 우리 형제자매를 향한 형제적 포옹이라고 수차례 정의했습니다.[61]

여러 국가 정부가 채택한 격리 조치로 사회, 경제가 마비되었고 여전히 회복하기 힘든 상태에서 각종 의학적 이유로 백신 접종 거부를 정당화하려는 상황은 많은 이의 곤경에 이기적이고 비공감적으로 접근하려는 위험을 포함합니다.

다른 위기와 마찬가지로 소득이 줄거나 적절한 일자리에 접근하는 데 더 큰 어려움을 겪는 이들은 대부분 불안정한 환경과 비공식적 일터의 가장 약하고 무력한 실업자이자 노동자였습니다. 이 가운데 많은 이가 여성이었지요. 코로나19 대유행은 남성과 비교했을 때 견디기 힘든 기회의 불평등이 여성에게 발생한다는 사실을 다시 한번 드러냈습니다. 심지어 여성들은 팬데믹으로 인한 피할 수 없는 현실 속에서 인신매매와 착취의 손쉬운 대상이 됐습니다.

코로나19 대유행은 우리가 나르시시즘에 빠지게 될 위험을 증가시켰습니다. 자기 자신을 너무나 사랑하고 다른 이의 선익은 무시하는 신화적 인물이 될 위험을 말이죠. 하지만 이 같은 행동은 매우 전염력이 강한 영적 바이러스를 퍼뜨립니다. 이 바이러스는 우리가 자기 자신만 보고 주변을 전혀 살피지 않는 사람이 되게 합니다.

우리는 모두 우리 자신과 자신의 건강을 돌볼 책임이 있습니다. 이는 동시에 주변 이들의 건강도 존중해야 한다는 의미입니다. 공동선으로서의 건강은 우리 각자가 지켜야 합니다. 여기에는 분명한 도덕적 의무가 있습니다. 다른 사람의 외침에 무감각해지고 나 자신만을 생각하도록 부추기는 웰빙 문화의 세이렌에 현혹되어 무관심의 세계화로 향하는 첫걸음을 떼지 맙시다.

저는 백신을 팬데믹에서 벗어나 희망의 길로 안내하는 나침반으로 묘사하길 좋아합니다. 한 배를 탄 인류 가족은 2년 이상 지속된 폭풍우가 치는 바다를 벗어나려는 중입니다.

여기서 저는 아브라함의 모습을 떠올립니다. 그는 불안한 상황 속에서 하느님께 왜 약속한 아들을 주지 않으시냐고 따지기보다 다시 희망을 간직할 수 있도록 도와주시길 기도로 청했습니다(창세 15,2-6 참조). 아브라함의 모습은 좋은 행동이 무엇인지 보여 줍니다. 바로 희망을 간직하기 위해 기도했기 때문입니다. 희망은 결코 스러지지 않습니다. 주어진 임무를 잘 수행함으로써 희망을 현실로 변화시키는 일은 우리에게 달려 있습니다.

이 모든 것과 관련해 하느님의 이름으로 건강에 대한 접근이 보편화되길 청하는 동시에, 저는 우리 이웃과 형제애와 연대의 유대를 간직하길 청합니다. 2년이 넘는 지난 시간 동안 코로나19 바이러스는 우리 자신을 돌보는 가장 좋은 방법이 주변 사람을 돌보고 보호하는 법을 배우는 것임을 상기시켜 왔습니다.

> "이웃, 민족, 지역, 공동의 집에 대한 도덕적 의식을 갖는 일이 중요합니다."[62]

또한 지금은 수개월에 걸쳐 효과적인 백신을 얻을 수 있도록 적합한 조합을 연구한 과학자들을 기억해야 하는 시간입니다. 무엇보다 가장 심각한 순간에 우리 곁에서 함께 한 이들, 의료진, 간호사, 자원봉사자, 또한 신문 1면에 소개되지 않았지만 드러나지 않는 곳에서 힘쓴 많은 이를 기억해야 합니다. 매일 여러분이 보여 준 무조건적인 헌신에 감사드립니다.

이제 대부분의 국가는 코로나19 대유행의 최악의 단계를 벗어나고 있으며, 봉쇄 조치는 거의 해제되고 있습니다. 이제 평화와 미래를 향한 시선으로 의약품의 특허 문제를 다룰 적절한 때가 되지 않았나요?

많은 과학자와 전문가들은 새로운 세계 보건 위기가 머지않은 미래에 다가올 수 있다고 말합니다. 우리는 이미 경험한 논쟁을 바탕으로 새로운 세계 보건 위기의 출현 가능성에 대비해야 합니다. 또한 의약품에 대한 즉각적이고 보편적이며 균등한 접근을 제공해야 하는 절박한 필요성에 직면해 지구상의 주민들 사이에서 생명을 구하는 의약품의 보급이 시장 논리와 당파적 이익의 길에 들어서지 않도록 해야 합니다.

이런 방식으로 준비하지 못한다면 전 세계의 소외된 이들에게 선고된 형벌과 같은 백신에 대한 합리적이지 못한 접근의 불평등에서 아무것도 배우지 못한 것입니다. 백신은 여러 나라에서 많은 생명을 구할 수 있을 뿐 아니라, 더 빠르게 경제를 회복할 수 있으며, 이로써 팬데믹으로 타격을 입은 더 많은 사람을 도울 수 있습니다. 전문가들은 많은 저개발 국가가 경제를 회복하는 데 수년의 시간이 걸릴 것이라고 입을 모읍니다.

5년 전에 저는 다음과 같이 이야기했습니다.

"쓰고 버리는 문화가 명백하게 고통스러운 결과들을 보여 주는 영역이 있다면, 그곳은 바로 보건 의료 분야입니다."[63]

오늘날 드러난 수치는 이 현실이 더욱 악화되었음을 보여 줍니다. 당시 제가 드렸던 당부를 다시 한번 반복합니다.

"보건 의료 분야의 비즈니스 모델을 무분별하게 채택하면 가용 자원을 최적화할 수 있을진 몰라도 버려지는 이들이 생겨날 수 있습니다."[64]

여기서 2023년에 탄생 100주년을 맞는 아르헨티나의 가장 위대한 의사 중 한 분을 함께 기억하고자 합니다. 그분은 이미

20세기 말에 다음과 같은 의견을 제시했습니다.

"선진국과 개발 도상국 간 보건 의료 분야의 국제 협력을 조직하는 일은 필수적입니다. 이로써 건강을 누릴 수 있는 모든 인간의 양도할 수 없는 권리가 존중되고 보호받는 더욱 공정하고 정의로운 사회를 위해 모두 함께 힘을 모아 싸워야 합니다."[65]

팬데믹은 우리가 건강을 인류 문제로 헤아리기 시작하는 기회를 단 한 번에 제공했습니다. 건강을 시장에서 사고팔 수 있는 대상으로 전락시키는 눈가리개 없이 명확하게 볼 수 있도록 말입니다.

소설 《목요일의 남자》는 최종적으로 하느님을 만나기까지 지상의 여정을 걷는 인간을 묘사하는 완벽한 비유를 보여 줍니다. 작가 G.K. 체스터튼은 이러한 현실을 다음과 같이 지적했지요.

> "그래. 시적인 것, 꽃보다 더 시적인 것, 별보다 더 시적인 것, 세상에서 가장 시적인 것은, 병들지 않는 일이다."[66]

코로나19 대유행은 "세상에서 가장 시적인 것은 아프지 않는 것이다."라는 말을 절실히 깨닫게 해 줬으며, 기초 치료와 의약품에 대한 평등한 접근이 이를 위해 얼마나 큰 도움이 될 수 있는지 가르쳐 줬습니다.

어쨌든 우리는 건강 보호에 대한 권리가 다른 복잡한 경제, 사회, 문화 및 의사 결정 요인과 밀접하게 연결되어 있음을 잊어서는 안 됩니다. 교황 권고 〈복음의 기쁨〉에서 제시한 필요성에 대해 다시 한번 말씀드립니다.

"가난의 구조적 원인을 해결해야 할 필요성은 절실합니다. 이는 사회 질서를 바로잡아야 하는 시급한 실용적 이유 때문만이 아니라, 사회를 약화시키고 침체시켜 새로운 위기로 이끌기 마련인 병폐에서 사회가 치유되어야 하기 때문입니다."(EG 202항)

전 세계적으로 건강에 대한 보다 더 공평한 접근을 요구함과 동시에 저는 가장 취약한 이들을 대하는 오늘날 보건 의료 시스템 방식에 대해서도 목소리를 높입니다.

최근 몇 년간 일부 국가에서 유전병, 난치병, 불치병 등으로 고통받는 말기 환자들을 자연스럽게 받아들이지 않는 것을 목표로 하는 경향성이 증가하고 있습니다.

따라서 저는 하느님의 이름으로 인간의 모든 삶의 단계가 보호되고 돌봄을 받을 수 있길 청합니다. 인간의 삶에는 잉태의 순간, 임신의 순간, 탄생의 순간, 유아기, 청소년기, 성인기, 노년기, 삶의 마지막 순간, 그리고 영원한 삶 등 여러 단계가 있습니다. 또한 인간의 삶은 언제나 연약하고, 아프고, 상처받고, 낙담하고, 소외되고, 버려지기도 합니다. 우리는 그리스도교적 사명을 새롭게 하고, 보호하도록 부르심을 받았습니다.

여러 번 말씀드린 바 있듯, 죽음은 의료진이나 의료 기관의 동의하에 환자가 주장할 수 있는 권리로 받아들여져선 안 됩니다. 이러한 세태는 '존엄사'라고 불리는 신념을 촉진하곤 합니다. 많은 국가에서 안락사의 자유로운 선택을 장려하려는 다양한 프로젝트의 출현은 인간의 생명을 하느님께서 우리에게 주신 가장 큰 선물로 받아들이지 않으려는 관점과 맥락을 같이합니다.

우리의 목표는 생명의 보호라는 윤리적 기준에 부합하는 식별을 통해 언제나 환자와 동행하려는 마음을 간직하는 일이어야 합니다. 쓰고 버리는 문화에 대항해 완화 치료에서 시작하여 점진적으로 이 문제에 대응하는 모습이 필요하지 않을까요? 이 같은 전망은 삶의 가치를 드높이는 일이기에 유효한 작업이 될 것입니다.

소위 완화 치료를 통해 인생 여정의 마지막 단계를 준비하는 모든 사람이 가능한 가장 존엄한 방식으로 삶을 영위할 수 있도록 의학이 제공하고자 하는 모든 도움의 필요성을 강조하고 싶습니다.

하지만 그러한 도움을 살인으로 이어지는 용납할 수 없는 유사한 도움과 결코 혼동하지 않도록 주의해야 합니다. 우리는 죽음을 맞는 이와 동행해야 하지만, 죽음을 초래하거나 어떤 형태의 자살을 돕는 일은 허용되지 않습니다. 생명은 존중되고, 보호되고, 수호되어야 합니다. 특히 가장 약한 이들, 노인들과 병자들이 결코 버려지지 않도록 돌봄의 권리를 우선해야 합니다.

죽음을 '받아들이는 것'과 죽음을 '집행하는 것' 사이의 차이를 잘 이해하는 일이 중요합니다. 이는 우리 모두와 관련된 윤리적 원칙입니다.

여러 나라에서 확대될 위험이 있는 사회 문제가 있습니다. 바로 노인의 죽음을 재촉하고 계획하려는 제안입니다. 또 비슷한 문제로 노인들이 약값을 감당하기 어려울 경우, 그들에게 필요한 약을 투여하지 않기도 합니다.

> "이는 노인들을 돕기 위한 일이 아니라, 그들을 가능한 빨리 죽음으로 몰아가는 방법입니다. 이런 모습은 인간적이지도, 그리스도교적이지도 않습니다."[67]

완화 치료를 찬성하는 입장은 안락사를 지지하는 움직임에 대응하려는 것이 아닙니다. 사실 이 선택은 착한 사마리아인의 비유에 나오는 예수님의 가르침을 근거로 합니다. 비유를 보면 돌봄은 연민하는 마음에 의한 것이며, 고통 혹은 수고로움의 유의어가 결코 아닙니다. 착한 사마리아인의 비유는 문제에 깊게 몰두하려는 성향, 다른 사람의 입장에 서려는 사람의 모습을 보여 줍니다. 곧 이것이 고독과 시련의 고통을 달래는 유일한 방법입니다.

최근 확산하는 제안 중 다수는 낙태 합법화를 목표로 합니다. 개인의 자유를 보장해야 한다는 취지 아래, 인류 가족 가운데 가장 연약한 구성원을 배제하려는 것입니다. 바로 태아, 병든 노인, 임종을 맞이하는 병자들이 배제의 대상입니다. 보건 시스템은 모든 이를 주인공으로 바라볼 때, 모든 이를 위한 시스템이 됩니다. 우리는 어떤 보건 시스템이 모든 이를 위한 시스템인지 평가할 때, 태아나 임종을 앞둔 노인 등과 같이 일빈적으로 보답할 수 없는 이들에게 할당된 치료 시스템을 살펴봄으로써 그 기준을 확인할 수 있습니다.

이러한 논쟁들은 최근의 기술 발전과도 얽혀 있습니다. 과학 기술의 발전은 생명 윤리에 큰 영향을 끼치며 인류가 이 같은 새로운 시나리오를 관리하는 방법에 대해 깊고 진지한 자세로 성찰하게 합니다. 저는 언제나 인간 존엄성에 대한 존중을 바탕으로 생명 과학 응용 프로그램을 활용해야 한다는 점을 다시 한번 당부합니다.

따라서 사회 윤리와 휴머니즘에 뿌리를 둔 생명 윤리의 글로벌 전망을 갖도록 촉구합니다. 이러한 주제에 접근하려면 생명 윤리가 생명 과학과 의학 기술의 발달로 비평적 접근 방법을 통해 인간의 존엄성을 요구하는 근거와 조건을 검토하기 위해 생겨났다는 사실을 염두에 둬야 합니다. 생명 과학과 의학 기술은 자신들만의 리듬 안에서는 이익과 이익이 되지 않는 것 사이의 기준을 잃어버릴 위험이 있습니다.

우리는 점점 더 복잡해지는 생명 윤리의 도전에 그리스도교적 해답을 제시해야 합니다. '카펫 아래로 숨기려' 하거나 '맹목적으로 박수를 치는' 그 모든 경향을 멀리하면서, 그 도전에 응답하고 해결책을 제시해야 합니다.

이러한 도전은 특히 상대주의와 쓰고 버리는 문화가 특징인 이 시대의 맥락 속에서 점점 더 강하게 다가오며, 항상 겸손하고 현실주의적인 자세와 만남의 문화를 만들어 가도록 요청합니다. 가장 풍요로운 길은 시민 양심의 성숙에 기여하는 건설적 대화를 통해 도달할 수 있기 때문에 다른 입장 사이의 대립을 두려워해서는 안 됩니다.

하지만 저의 제안이 기술 발전에 제동을 걸기 위한 것이 아님을 분명히 밝힙니다. 결코 아닙니다. 기술의 발전을 동반해야 합니다. 제가 2022년 3월 기도 지향에서 언급한 것처럼 "인간 존엄성과 과학 기술, 이 두 가지는 함께 나아가야 하기 때문에 존엄성과 진보는 모두 함께 보호해야" 합니다.[68]

이와 관련해 저는 회칙 〈찬미받으소서〉에서 다음과 같은 문제를 언급한 철학자 로마노 과르디니 신부님의 성찰을 인용했습니다.

"현대인들은 힘을 올바로 사용하는 교육을 받지 못한 것이 사실입니다. 이 엄청난 기술 발전에 인간의 책임과 가치관과 양심의 발전이 함께하지 못하였기 때문입니다."(LS 105항)

그렇기 때문에 다음과 같은 사실을 강조해야 합니다.

"모든 시대는 그 시대가 지닌 한계를 제대로 인식하지 못하는 경향이 있습니다. 그래서 오늘날 인류가 자신이 당면한 도전의 심각성을 제대로 파악하지 못할 수 있습니다. 자유의 규범이 아니라 이른바 유용성과 안전만이 요청되는 경우에는 인간이 그 힘을 올바르게 사용하지 못할 위험이 지속적으로 증가합니다."(LS 105항)

생명과 건강에 대해 제가 지금 발전시키는 이 모든 사안은 특별히 노인을 고려하지 않으면 불완전한 상태로 남게 됩니다. 앞에서 살펴본 바와 같이 노인들은 소외되고 배척될 위험이 훨씬 더 큽니다. 하지만 대부분의 국가에서 기대 수명이 증가한 것을 고려할 때 지금만큼 노인의 수가 많은 적이 없었다는 사실은 역설적인 현실입니다.

초기 그리스도교 전통은 ― 그리스도교 전통만 그러한 것이 아닙니다 ― 노인들을 어떻게 인류의 보물로 대해야 하는지 보여 줍니다. 왜냐하면 그들은 우리의 지혜이며, 항상 우리에게 가르치고, 보여 주고, 전수해 줄 새로운 무언가를 갖고 있기 때문입니다.

노인들이 사회생활에 더 많이 참여할 수 있도록 장려하는 일은 매우 중요합니다. 저는 더 나은 노년을 향해 나아가는 이들이 "생존에 대한 계획이 아닌 복지 계획"[69]만을 기다리고 있을 뿐이라는 역설을 강조한 바 있습니다. 모든 이에게 보건에 대한 접근 가능성을 높이는 일은 노인을 쓰고 버릴 수 있는 물건으로 간주하는 시각을 폐기하는 일이기도 합니다.

사실 노인의 존재가 사회의 살아 있는 기억이라는 측면에서만 중요한 것이 아닙니다. 결코 아니지요. 나이 든 이들은 그들의 지혜를 젊은이에게 전달해야 하는 소중한 역할이 있습니다. 이 양방향의 대화에는 삶의 다양한 시간과 리듬을 존중하는 법을 배우는 성숙한 사회를 열망할 수 있는 많은 풍요로움이 숨어 있습니다. 또한 그 안에서 즉각적인 광란 상태를 조절하는 최고의 해독제를 발견할 수 있습니다. 바로 이렇게 대화를 통해 노인들은 자신의 꿈을 제안하고 젊은이들은 그것을 받아들여 앞으로 나아갈 수 있어야 합니다.

가정의 문화든, 사회의 문화든, 문화 안에서 노인들은 나무의 뿌리와 같다는 사실을 잊지 말아야 합니다. 그들을 통해 모든 역사가 이어지며, 젊은이는 그 나무의 꽃이자 열매와 같습니다.

아르헨티나 출신의 시인 프란치스코 루이스 베르나르데즈는 다음과 같은 구절을 남겼습니다.

> "나무에 피어난 것은
> 나무 아래 묻힌 것에서 나온다."[70]

뿌리에서 나오는 수액과 연결되지 않으면 우리는 꽃을 피울 수 없습니다. 이 또한 보건에 대한 공평한 접근을 요청하는 한 가지 이유입니다. 하느님의 이름으로 지금 청하는 바로 그 요청의 이유입니다.

아무도 스스로를 구원할 수 없습니다.

우리 자신을 돌보는 가장 좋은 방법은

주변 사람들을 돌보고 보호하는 법을 배우는 것입니다.

인간의 모든 삶의 단계가 돌봄을 받을 수 있기를

하느님의 이름으로 청합니다.

10장

✦

하느님의 이름으로,
전쟁을 조장하는 일에 하느님의 이름이
사용되지 않길 청합니다

50여 년 전, 제2차 바티칸 공의회에 참석했던 공의회 교부들은 비그리스도교와 교회의 관계에 대한 선언 〈우리 시대〉라는 문헌을 남겼습니다. 교부들은 문헌을 통해 비그리스도교와 교회의 관계에 다양한 정의를 제시하면서, 교회는 '보편적 형제애'라는 덕목을 통해 "온갖 차별을 배척한다."(NA 5항 참조)라고 선언했습니다.

　이 가르침은 그리스도교 안팎에서 그 어느 때보다 확고합니다. 무관심이 전 세계적으로 확산되고, 부분적으로 벌어지는 제3차 세계 대전의 시대 속에서 쓰고 버리는 문화를 살아가는 가운데, 이 세계가 당면한 시련들은 모든 인류를 향해 연대와 형제애의 유대를 새롭게 하도록 호소합니다. 이는 모든 종교의 신앙인들이 기도와 행동 안에서 결코 포기할 수 없는 평화에 대한 열망, 보편적 공동선, 온전한 인간 발전, 만남의 문화 증진을 위한 확고한 약속을 명확히 표현하기 위해 일치할 것을 촉구합니다. 신앙인과 비신앙인, 그리스도인과 비그리스도인, 가톨릭 신자와 비가톨릭 신자, 모든 이는 인류 가족의 구성원입니다. 형제애 증진은 새로운 이야기가 아닙니다.

성경은 하느님께서 노아에게 인류가 사라질 위험을 피하기 위해 가족과 함께 방주에 오르라고 말씀하신 이야기를 전합니다. 오늘날 위험은 그 당시보다 결코 가볍지 않습니다. 전쟁, 전염병, 경제 위기와 환경 위기는 세상을 뒤흔드는 폭풍우 치는 바다의 일부에 불과합니다. 또한 이 위험은 우리를 기다리는 거대한 도전에 맞서기 위해 우리가 이용할 수 있는 수단인 형제애의 배에 모두 함께 올라탈 것을 요청합니다. 과장 없이 이렇게 말씀드립니다. 형제애는 우리의 미래를 이끌 유일한 운송 수단입니다. 만약 우리가 미래를 원한다면 말이죠.

그러므로 저는 연대를 기반으로 한 세상을 건설하기 위해 함께 걸어가자고 모든 종교를 초대합니다. 그 세상은 상호 인정과 존중하는 대화를 바탕으로 하며 매일 만남의 문화를 경험하는 곳입니다. 이 같은 목표를 위해 모두의 일치가 중요합니다. 온갖 형태의 폭력과 침략을 하느님의 이름으로 정당화하려는 모든 시도를 규탄하고자 일치하는 일이 중요합니다. 우리는 평화의 장인, 온유한 혁명가, 사랑과 자비를 전달하는 사람이 되어야 합니다.

이 순간 저는 주민 대부분이 무슬림인 한 도시를 방문했을 때 당부했던 경고를 다시 한번 반복합니다. 당시 저는 "형제애의 적은 개인주의이며 이는 다른 사람보다 자신과 자신의 집단을 더 중요하게 생각하려는 욕구"[71]라고 말했습니다.

> "진정한 신앙심은 온 마음을 다해 하느님을 사랑하고 이웃을 내 자신처럼 사랑하는 데 있습니다. 그러므로 종교적 행동은 원수와 적을 심판하고자 하는 반복되는 유혹으로부터 끊임없이 정화될 필요가 있습니다. 모든 신앙은 친구와 원수 사이의 간격을 메우고 특권이나 차별 없이 인간을 포용하는 하늘의 시각을 채택하도록 이끄는 사명을 지니고 있습니다."[72]

진정한 형제애는 만남의 문화를 기반으로 합니다. 거리를 두기 위한 변명이나 무관심을 피하고 서로를 더 풍요롭게 하는 길로 변화시켜 서로를 존중하며 "열린 바다로 나아간다."라는 의미입니다.

다른 이와의 만남과 대화의 바다를 향해 노를 젓는 일은 다른 문화에 동화되거나 다른 문화를 동화한다는 의미가 아닙니다. 진정한 형제애는 각각의 얼굴이 정체성을 잃지 않으면서 다른 얼굴과 서로 마주하는 다면체의 형태를 취합니다. 이로써 모든 이가 새롭고 풍요로운 형태와 모습을 전달할 수 있지요. 우리 문화와 사회를 위한 이러한 모델을 생각해 봅시다.

형제애가 가장 짧은 지름길이라거나 가장 쉬운 길은 아닙니다. 하지만 형제애의 길은 먼 바다에서 항해할 때 한 인류인 우리를 위한 나침반이 됩니다. 이 나침반은 폭풍과 풍랑으로부터 우리를 구원할 것입니다.

시련의 시기를 겪으며 우리는 다른 신앙을 고백하거나 믿음이 없는 형제자매들에게 가까이 다가가도록 불리움을 받았습니다. 공동의 집에서 함께 살아가는 우리는 미래를 향해 함께 걸어갈 사명을 지니고 있습니다.

우리 중 일부, 특히 나이 든 이들 중 일부는 인류의 사전에서 형제애라는 단어를 찾기가 거의 불가능했던 순간의 결과를 경험했습니다. 이런 이유로 젊은이들이 형제애와 연대의 미래를 향해 걸음을 옮기는 일이 중요합니다. 우리 노인들은 젊은이들이 주인공으로 등장하는 미래를 함께 만들어 가도록 그들을 돕고자 합니다. 우리는 우리가 살았던 순간의 다양한 경험을 그들에게 들려줄 수 있습니다. 우리의 희망을 극한까지 몰아붙이는 상황에서도 많은 이들이 형제애를 지속하려는 노력을 멈추지 않았던 순간의 이야기도 들려주고자 합니다.

지금 젊은이들을 분열되고 양극화된 세계에 살게 만들었다면, 그 책임은 우리 어른들의 것입니다. 이 무거운 유산을 생각하면 형제애는 점점 더 선택이 아닌 필수 사항으로 여겨집니다. 따라서 저는 다시 한번 반복합니다.

> "우리는 모든 이가 형제자매로 살아가거나, 아니면 모든 것이 무너지거나 둘 중 하나의 미래를 맞이할 것입니다."[73]

우리는 사회 안에서 평화의 장인이 되라는 부르심을 받

있습니다. 두려움을 극복하고 더 형제애 가득한 내일을 만드는 일은 우리에게 달려 있습니다. 첫 걸음을 내딛읍시다. 다른 이를, 다른 새로운 것을 만나러 나아갑시다. 우리의 두 손과 지성과 마음을 공동 작업에 활용합시다. 우리는 이 세상 안에서 보고 싶은 변화 그 자체가 돼야 합니다.

저는 교황직을 수행하는 기간 동안 이러한 목표를 위해 부에노스아이레스에서의 종교 간 대화의 경험을 자양분으로 삼았습니다. 저의 모국인 아르헨티나에서는 종교 간 대화가 매우 자연스러운 방식으로 이루어집니다. 이러한 자세를 함양하며 아르헨티나의 여러 세대는 성장해 왔습니다. 우리는 보편성에 대해 배우지 않았지만, 학교에서 매일 그것을 경험했습니다. 그곳에서는 학교에 다니기 시작하면 이탈리아 사람들이 먹는 다양한 과일이 든 과일 샐러드에 빠진 것 같은 경험을 하게 됩니다. 즉 스페인, 유다인, 이슬람, 중동 등 다양한 지역 출신의 아이들을 만납니다. 학교에서 우리는 함께 생일을 축하하고, 종교적 축제나 놀이를 같이했습니다. 한 가족처럼 말이죠. 이는 누가 가르칠 수 있는 일이 아니었지만, 여섯 살 혹은 일곱 살부터 다른 이가 나와 같은 사람, 친구, 형제자매라는 확신을 갖게 하고, 평생 이 가르침을 마음에 새기고 살아가게 만들어 줬습니다.

교회 일치 운동과 함께 상황은 조금 더 복잡해졌습니다. 왜냐하면 가톨릭 가정은 장로교나 감리교 등 개신교 신자들보다 유다인이나 무슬림을 더 친근하게 생각하는 경향이 있었기 때문입니다. 하지만 어떤 인식이 발전하고 20세기 초에 이르기까지 대화가 무르익어 가면서 이제 주요 예식은 거의 초종교 간 교회 일치 운동의 성격을 띠게 되었습니다. 다른 나라에서는 이런 모습이 아마도 훨씬 쉬웠다는 사실을 알고 있습니다. 왜냐하면 교회 일치적 우애는 빈곤한 상황 속에서, 또는 전체주의 정권에 대항하며 힘을 합치는 상황에서 더 단단해졌기 때문입니다.

저는 로마를 떠나 사도 순방을 할 때도 유다교, 이슬람교, 다른 그리스도교 신앙을 고백하는 형제들과 대화를 나누려고 노력합니다. 방문하는 여러 나라에서 지역 교회의 가톨릭 신자들과도 만나지만 동시에 다른 그리스도교 공동체, 다른 종교 전통의 지도자들과 만나는 일 또한 중요하게 생각합니다.

우리는 지구상의 많은 이가 스스로를 신앙인으로 고백하는 현실을 살아갑니다. 초월적인 차원에서 우리를 하나로 묶는 무언가가 있습니다. 여기에 우리의 대화를 위한 출발점이 있으며, 이 출발점은 대화를 나누는 모든 이에게 더욱 풍요로운 만남을 만들어 줍니다.

종교 간 차원에서 "정체성의 본분, 다름에 대한 용기, 의도의 진실성, 이 세 가지 기본 방향성이 잘 결합되면 대화에 도움이 됩니다."[74]라고 다시 한번 강조하고 싶습니다. 실천적 차원에서 이 같은 방향성을 채택한다면, 우리는 다른 사람을 기쁘게 하기 위해 우리 자신을 희생하지 않으면서, 다름 안에서 동료를 바라보고, 언제나 정직하고 투명하게 행동할 것입니다. 진실한 대화는 다른 이의 권리와 자유를 인정하도록 이끕니다. 진정 형제애로 더불어 사는 삶에 생명을 불어넣기 위해서는 바로 이 진실한 대화가 필요합니다.

형제 살해를 서슴지 않는 오늘날, 세계는 우리에게 형제적 확신을 요구합니다. 오늘날 여전히 유효한 선언인 〈우리 시대〉(NA)를 다시 읽어보면, 인류 가족의 고유성이나 모든 이와 대화하는 열린 교회 개념과 같은 원칙이 우리 그리스도인 사이에서만이 아니라, 무슬림, 유다교, 다른 종교의 형제자매 모두에게 적용되는 원칙이라는 사실을 발견할 수 있습니다.

그리스도교의 일치라는 차원에 있어서도 더 이상 혼자 걸어가는 길을 생각할 수 없다는 오늘날의 확신이 우리에게 교훈을 줍니다.

세상은 일치를 요구합니다. 사실 박해하거나, 자유를 억압하거나, 신앙인을 살해할 때 지구상의 일부 지역에서는 가톨릭 신자인지 개신교 신자인지를 구분하지 않습니다. '피의 교회 일치 운동'은 야만성에 맞서 우리가 하나로 힘을 모으고 대화하는 일에 힘쓸 것을 요청합니다. 오늘날 얼마나 많은 그리스도교 순교자들이 눈물을 흘리고 있나요! 이 시대에 가장 심하게 습격을 받는 곳은 우리 가톨릭 교회만이 아닙니다. 우리 형제자매들에 대한 박해가 역사상 이토록 광범위했던 적은 없습니다!

때때로 우리는 우리를 하나로 모으는 위대한 조약에 초점을 맞추는 대신 우리를 갈라놓는 작은 차이에 대해 논쟁하는 일에 너무 많은 시간을 할애한다고 느낍니다. 저는 우리 신학자들이 인내를 갖고 비교적 덜 논쟁적인 문제가 요구하는 성경적 시각과 식별에 따라 회의와 토론에 참여하는 모습을 보게 되어 참으로 기쁩니다. 그러나 교회 일치 운동은 또 다른 수준에서 우리의 만남을 더 빨리 발전시킬 것을 요구합니다.

바로 그것은 애덕의 교회 일치, 이웃을 향해 내민 손의 교회 일치입니다. 최근 우리는 루터교인지, 장로교인지, 성공회인지를 따지지 않고 가난한 이를 위해 헌신하는 빛나는 모범을 목격했습니다. 로마를 떠나 여러 지역을 순방하며 이 같은 모범을 볼 수 있었지요. 바르톨로메오 1세 콘스탄티노폴리스 총대주교님과 이주민 비극의 상징인 레스보스섬을 방문했을 때도 그러했습니다.

이는 겉으로만 보여 주는 교회 일치 운동이 아닙니다. 저는 이런 모범 안에서 신앙인으로 우리의 남은 삶을 평가할 수 있는 가장 기본적인 행동을 발견합니다. 교회 일치 운동이 피의 일치, 애덕의 일치, 가난의 일치, 사명의 일치 등 여러 얼굴을 갖고 있음을 기쁘게 생각합니다. 밖으로 나가는 신앙인 공동체로서 형제적 증언의 유산을 전하도록 부름받은 이들이 약한 이들과 젊은이들에게 다가가는 모습도 기쁩니다.

우리는 또한 비신앙인들과의 대화에도 우리 자신을 개방하도록 초대받았습니다. 저는 화가 라파엘로 산치오의 걸작 〈아테네 학당〉이라는 프레스코화를 좋아합니다. 그림을 보면 플라톤과 아리스토텔레스가 무대 중앙에 있고, 서구 사상을 대표하는 그리스 사상가들 가운데 뛰어난 스승들이 두 사람을 둘러싸고 있습니다. 두 사람은 나란히 걸으며 생각을 나누는 가운데 작은 제스처로 자신의 입장을 표현합니다. 플라톤은 오른손으로 하늘, 곧 신성함을 가리키고 왼손에는 《티마이오스》의 사본을 들고 있습니다. 반면 아리스토텔레스는 오른손으로 땅, 지상을 가리키며 왼손에는 《윤리학》 책을 들고 있습니다.

저는 교황직 재임 초기부터 개방적이고 자기중심적이지 않은 의사소통을 바탕으로 비신앙인들과의 대화에도 힘쓰고자 노력했습니다. '밖으로 나가는 교회'는 다른 신앙을 믿는 형제자매만이 아니라 비신앙인과도 대화하는 교회를 의미합니다.

우리는 어떤 신앙도 고백하지 않는 이들에게도 시급하게 다가가도록 부르심을 받았습니다. 이 같은 사명을 위해, 우리는 그리스도교가 아닌 다른 종교의 형제자매들과 세계적 차원에서 신속하게 행동해야 합니다. 이런 이유로 저는 인류의 중요한 주제와 관련해 '선의를 지닌 모든 이에게' 이야기하고자 두 가지 회칙을 작성하기로 결심했습니다. 제2차 바티칸 공의회는 다음과 같이 우리를 가르칩니다.

> "기쁨과 희망, 슬픔과 고뇌, 현대인들 특히 가난하고 고통받는 모든 사람의 그것은 바로 그리스도 제자들의 기쁨과 희망이며 슬픔과 고뇌이다. 참으로 인간적인 것은 무엇이든 신자들의 심금을 울리지 않는 것이 없다."(GS 1항)

따라서 그리스도교적 뿌리의 관점에서 회칙 〈찬미받으소서〉와 〈모든 형제들〉을 작성하며, 신앙인이 아니라고 생각하는 사람에게까지 대화를 건네고자 했습니다. 우리를 재촉하는 여러 문제의 해결책은 우리 모두이기 때문입니다.

오늘날 세계가 우리에게 제기하는 거대한 도전은 "일부를 위한 일부의 계획, 깨친 소수의 계획이나 집단의식을 장악하였다는 증명서가 필요한" 프로젝트가 아니라, "함께 살아가겠다는 합의, 곧 사회적 문화적 약속을 하는 것"입니다(EG 239항 참조).

이러한 의미에서 이 대화에 연속성과 제도화를 목표로 하는 다양한 프로젝트가 존재합니다. 예를 들어 신자와 비신자가 윤리, 예술, 과학, 초월적인 것에 대한 갈망에 대해 이야기를 나눌 수 있는 공간인 '모든 민족의 뜰'이라는 프로젝트가 있습니다. 이 같은 프로젝트가 더욱 많이 만들어지길 기대합니다.

또한 신앙인, 불가지론자, 무신론자를 포함하는 다양한 과학자 그룹이 종종 바티칸을 방문합니다. 초월적인 것에 대한 생각은 다르지만 그들은 일치를 향해 나아가는 여정에 도움이 될 합의나 제안을 모색하고 다리를 건설합니다. 이들의 모습은 우리가 공동의 대의에 참여하기 위해 모두 같을 필요가 없다는 것을 보여 줍니다.

이 공동의 소속감을 한 번만 인식한다면 인류가 직면하는 많은 도전에 훨씬 더 쉽게 대처할 수 있습니다. 신앙인의 관점에서 보면, 우리는 신앙인들끼리 서로, 그리고 어떤 신앙도 고백하지는 않지만 선한 의지를 지닌 모든 이와 함께 수많은 이에게 시련을 가져오는 평화, 굶주림, 빈곤, 환경 위기, 부패에 대응하려는 목표를 달성하기 위해 협력하도록 부르심을 받았습니다. 젊은 세대는 우리가 온갖 종류의 폭력을 종식하기 위한 해결책을 찾는 과정에 착수할 것을 요구합니다. 무엇보다 종교의 이름으로 행해지는 모든 폭력을 종식할 것을 말입니다. 현 시대는 우리에게 카인이 아닌 아벨이 되라고 더욱 요청합니다.

우리 신앙인에게 가장 어려운 과제 중 하나는 같은 믿음을 고백하는 형제자매 사이에 발생할 수 있는 폭력의 흔적을 뿌리 뽑는 일입니다.

저는 어떤 종교도 테러 단체가 아니라는 사실을 기억하고자 합니다. 그리스도교 테러 단체, 유다교 테러 단체, 이슬람 테러 단체라는 말은 없습니다. 모든 국가 안에서 그러하듯, 모든 종교 안에도 "관용 없는 편협한 일반화로 강화되고 증오와 혐오를 자양분으로 삼는"[75] 근본주의적이고 폭력을 일삼는 이들이 있습니다.

"폭력이 우리의 근본적인 종교적 신념이 아니라 오직 이에 대한 왜곡에 근거한다."(FT 282항)라는 진실을 기억하는 일이 중요합니다. 러시아-우크라이나 전쟁에서 증오와 순수 폭력 행위를 정당화하려는 일부 형제자매의 행동을 마주하게 됩니다. 여기서 우리는 다시 한번 이러한 부분을 성찰하게 되지요. 하느님의 이름 안에서 이 같은 정당화가 설 자리는 없습니다.

동시에 어떤 종교든 개인적 차원에서나 집단적 차원에서 근본주의자 집단이나 극단주의자로 전락할 수 있는 위험이 있습니다.[76] 이는 의심할 여지없는 사실입니다. 하지만 우리는 편견에서 비롯된 시선을 극복하고 그들이 삶으로 제안하는 긍정적 가치를 바라보아야 합니다. 그 가치의 원천은 희망입니다.

이런 맥락에서 '왜곡하려는 유혹'을 품은 사람들에게 다음과 같은 사실을 경고하는 것이 중요하다고 생각합니다. 폭력 행위나 학대를 계획하고 실행할 때, 그 누구도 하느님으로부터 자신을 방어할 수 없을 거라는 점입니다. 그 누구도 종교를 인간의 존엄성과 기본권에 반하는 행동의 구실로 삼지 마십시오.

종교 간 형제애, 비신앙인들과의 형제애의 가장 큰 목표는 전쟁이 초래하는 것과 같은 불평등과 불안정한 상황을 자양분으로 삼는 근본주의자들이 일으키는 분쟁에 함께 맞서 싸우는 일입니다.

근본주의에 대한 최고의 해독제는 진정한 기회의 평등 — 온전한 인간 발전을 가능하게 하는 적합한 일자리와 생활 조건 — 을 위해 끊임없이 힘쓰는 일입니다. 뿐만 아니라 우리와 다르거나 막 우리 지역에 발을 디딘 이들이 온전히 우리 사회 안에 통합되도록 노력하는 일입니다.

예를 들어 유럽에서는 하느님의 이름을 사용해 근본주의적 행위를 일삼는 이들이 대도시에서 태어난 이주민 자녀라는 사실이 자주 언급됩니다. 하지만 그들은 피부색이 다르고 종교가 다르다는 이유로 가난에 내몰리거나 낙인이 찍힌 이들입니다. 유럽에서 태어난 유럽인이고 합법적 신분 증명서를 가지고 있음에도 그들은 유아 시절부터 그들을 격리하려는 분위기 속에서 성장합니다. 학교에서 따돌림을 겪을 때부터 일자리를 구할 때 겪는 어려움까지 그들에 대한 차별이 지속됩니다. 이런 현실은 아무런 정당성도 확보하지 못합니다. 반면 효과적이고 건전한 통합이 근본주의가 뿌리 내리는 일을 막는 최선의 해독제라는 사실을 확인시켜 줍니다.

하느님의 이름으로 폭력을 행사하는 일은 배교와 다를 바 없습니다. 우리는 온갖 종류의 증오 행위가 자신의 이름, 혹은 특정 종교의 이름으로 자행되는 현실을 거부할 의무가 있습니다.

저는 저의 형제 알아즈하르의 아흐메드 알타예브 대이맘과 공동으로 선언문을 작성한 바 있습니다.

"우리는 종교가 결코 전쟁, 증오, 적개심, 극단주의를 선동해서는 안 되고, 폭력이나 유혈 사태를 조장해서도 안 된다고 단호히 선언한다. 이러한 비극적 현실들은 종교 가르침에서 벗어나고 종교들을 정치적으로 이용한 데에 따른 결과들이다. 또한 역사적으로 사람들 마음속에 있는 강렬한 종교심을 악용하여 사람들을 종교 진리와 무관한 방식으로 행동하게 강요해 온 종교 단체들의 곡해에서 비롯된 것이다. 이러한 일들은 정치적 경제적 목표들이나 세속적이고 근시안적인 목표들을 달성하려는 목적에서 자행된다."[77]

우리 종교들은 이러한 신앙의 왜곡을 용납하지 않습니다. 우리는 지역 사회에서 근본주의라는 악을 근절하기 위해 헌신합니다. 하지만 특정 종교 혼자서는 할 수 없습니다. 이 악의 원인은 정치적, 경제적, 사회적, 교육적, 문화적 결정을 포함하고 있기 때문입니다.

종교 지도자로서 우리는 하느님의 이름으로 살인해서는 안 된다는 말을 반복하는 데 결코 지치지 않을 것입니다. 동시에 우리는 더욱 풍요롭지만 무관심한 오늘날 세계, 심지어 우리 공동의 집인 지구를 향해 시급하게 다가오는 공동의 의제에 우리 에너지를 쏟고자 합니다.

2021년 말에 저는 콘스탄티노폴리스의 바르톨로메오 1세 세계 총대주교님, 영국 성공회 저스틴 웰비 대주교님과 환경 지속 가능성의 시급성을 명시하는 공동 선언문에 함께 서명하기 위해 교회 일치를 위한 만남을 가졌습니다. 환경 지속 가능성의 문제는 빈곤 문제에 큰 영향을 끼치고 전 세계적 협력의 중요성이 강조되는 사안입니다.

우리는 우리가 살고 있는 세상보다 언제나 더 나은 세상을 후대에 남기는 것을 목표로 해야 한다는 사실에 의견을 함께 했습니다(LS 194항 참조). 이는 분명 공동의 집을 돌보는 일이지만, 거기에만 그치지 않습니다.

지구상 대부분의 인구가 자신들을 신앙인이라고 생각하는데, 우리는 환경 보호, 가난한 이들에 대한 보호, 존중과 형제애의 네트워크 구축에 관해 구체적인 종교 간 대화에 착수하는 일에 있어 어째서 지구상의 인구 대부분이 신앙인인 이 현실을 활용하지 못할까요?

이러한 목표를 위해 대화에 착수함에 있어 삶의 모든 단계에서 생명을 수호하는 일이 배제되어서는 안 됩니다. 알아즈하르의 대이맘과 저는 공동 선언문을 통해 이에 대해 분명히 단죄한 바 있습니다.

"우리는 대량 학살, 테러 행위, 강제 추방, 인신매매, 낙태, 안락사처럼 생명을 위협하는 모든 관행을 규탄한다."[78]

가톨릭 신앙이 잉태의 순간부터 자연적 죽음에 이르는 모든 생명의 순간을 소중하게 생각할 것을 장려하는 것처럼, 대이맘과 저는 우리 형제자매들을 사형에 대한 우리의 절대적이고 명백한 거부에 동참할 수 있기를 초대합니다(FT 263항 참조). 우리는 이 같은 호소를 그리스도인뿐 아니라 다른 종교의 형제자매, 궁극적으로 선의를 지닌 모든 이에게도 전하고자 합니다.

전임 교황님들이 들려준 가르침의 핵심이며 제가 계속 이어가고자 하는 종교 간 대화의 길은 이제 우리가 간과할 수 있는 선택지가 아니라 전 세계의 긴박한 도전에 직면해 필수적인 선택으로 보입니다. 다른 이와의 만남과 대화에 있어 무신론자 또한 배제되어서는 안 됩니다. 왜냐하면 오직 선의를 지닌 이들을 포함한 모든 이가 함께 걸어갈 때라야 비로소 무관심의 세계화에 분명하게 대응할 수 있기 때문입니다.

무관심의 세계화는 우리를 서로 원수로 만들고자 하며, 근본주의가 비옥한 토지를 찾을 수 있는 조건을 만들고, 전쟁과 빈곤을 통해 수많은 이를 쓰고 버리려는 문화입니다. 형제애가 유일한 길입니다. 그렇기 때문에 저는 과거의 문화를 지속하려는 이들이 증오와 폭력과 야만적 행위를 저지르는 데 있어 절대로 하느님의 이름을 부르지 말 것을 엄중하게 경고합니다. 주님께서는 우리가 함께 여정을 걸어가도록 우리와 함께하실 것입니다.

우리는 사회 안에서 평화의 장인이 되라는

부르심을 받았습니다.

두려움을 극복하고 형제애 가득한 내일을 만드는 일은

우리에게 달려 있습니다.

우리가 모든 생명의 순간을 소중하게 생각하기를

하느님의 이름으로 청합니다.

| 나가는 말 |

희망의 순례자들

요한 바오로 1세 복자 교황님은 짧은 교황직 수행 기간 안에서 집전한 네 번의 일반 알현 가운데 한 차례 희망을 언급했습니다. 교황님은 희망을 "모든 그리스도인이 의무적으로 견지해야 할 덕목"[79]으로 정의했습니다. 저는 희망을 호소하는 이 아름다운 정의에 각 종교와 모든 신앙인의 경계를 초월해야 한다는 점을 덧붙이고자 합니다. 희망은 특정 종교에 대한 믿음 없이도 선의를 지닌 모든 이가 간직할 수 있는 덕목입니다.

오늘날 현실은 매일매일 좋은 소식이 들려온다고 할지라도 희망을 키워가기 힘든 시기입니다. 저는 보편적 형제애를 다룬 회칙 〈모든 형제들〉을 통해 다음과 같이 말씀드렸습니다.

"하느님께서는 계속해서 인류에게 좋은 씨를 뿌려 주십니다. 최근 감염병 확산으로 우리는, 두려움 속에서도 자신의 목

숨을 던져 응답한 수많은 길동무들을 다시 한번 알아보고 감사할 수 있었습니다."(FT 54항)

절망과 어둠이 가득한 이 시대에 얼마나 많은 아이들이 이 세상에 태어나고 있나요! 얼마나 많은 이들이 폭풍우가 지나가길 기다리며 서로를 꼭 끌어안고 더 큰 결속을 보여 주었으며, 얼마나 많은 이들이 인류가 이 곤경을 극복할 수 있다는 확신으로 유대를 강화해 왔나요!

고인이 되신 성공회의 데즈먼드 투투 대주교님은 생전에 미래를 바라보는 방식에 대한 놀라운 전망을 다음과 같이 제시했습니다.

> "희망은 모든 어둠 너머에 빛이 있다는 것을 볼 수 있는 힘입니다."[80]

하지만 이 순간 우리는 최선의 방식으로 팬데믹이 관리되지 않았다는 측면에 주목할 필요가 있습니다. 팬데믹을 어떻게 극복해야 하냐는 질문을 받으면 저는 이 위기를 극복하는 모습이 더 나은 방향으로 극복하게 되든, 더 나쁜 방향으로 추락하든, 어쨌든 결코 이전과 같은 방식은 아닐 것이라고 생각합니다.

불행히도 어떤 경우에는 코로나19 대유행 이전의 일부 행태들이 재현되는 모습을 목격합니다. 라틴 아메리카와 아프리카의 여러 판사들이 공동으로 발표한 최근 보고서는 백신 문제에 있어 다음과 같은 우려를 표합니다.

"전체적으로 봤을 때 전 세계 인구, 특히 낮은 수준의 예방접종률을 보이는 아프리카 대륙의 인구는 백신을 맞지 못하고 접근조차 할 수 없었습니다."[81]

유감스럽지만 이 진단이 맞다고 생각합니다. 보건 비상사태는 특정 논리를 극복하고 가장 가진 것이 없는 이들에게 우선적으로 기회가 주어져야 한다고 요구했습니다. 우리가 코로나19 대유행을 벗어나기 위해 노력하는 동안 유럽에서 발생한 러시아-우크라이나 전쟁은 전 세계에 어둠의 장막을 다시 드리우기 시작했습니다. 그리고 이 전쟁은 우리의 희망을 시험하는 새로운 과제로 다가왔습니다.

우리는 발걸음을 돌이키기 시작했지만 명백한 변화를 가져오는 결정적인 발걸음을 만들지 못했습니다. 어떤 이들은 진정으로 변했고, 성장했고, 삶의 다른 비전을 갖게 되었지만, 또 다른 이들은 그렇지 않았습니다. 러시아-우크라이나 전쟁은 후자의 사람들이 행동하는 하나의 예시일 뿐입니다. 우리는 무기의 성능을 시험하고 판매하기 위한 전쟁의 시대로 회귀했습니다.

따라서 저는 하느님의 이름으로 드리는 이 열 가지 요청을 통해 선의를 지닌 모든 이가 다가올 세계를 위한 희망 안에서 저와 동행해 주기를 청합니다.

희망에 대해 생각할 때면 누구보다 먼저 자유를 빼앗긴 모든 이를 떠올리지 않을 수 없습니다. 그들은 자행된 모든 범죄가 드러내는 죄악에 희생된 살아 있는 증거이며, 또한 하느님의 현존과 연민이 언제나 함께하신다는 사실을 드러내는 표지입니다. 전능하신 분의 사랑이 닿지 못할 마음은 없습니다. 그리고 그분의 빛이 환히 빛나도록 희망이 뿌리를 내리는 곳은 바로 우리 마음입니다. 하지만 그분의 현존과 밝은 빛은 슬픔과 고통을 유발하는 여러 상황으로 인해 자주 방해받고 가려집니다.

감옥에 갇힌 이들은 희망의 이미지입니다. 그들은 모든 판결의 일부가 되고 더 나은 삶을 향한 출구로 이해해야 하는 희망의 이미지입니다.

저는 낙관주의보다 희망을 이야기하는 것을 더 선호합니다. 낙관주의는 오늘은 존재하지만, 내일이면 사라질지도 모르는 가변적인 마음의 상태입니다. 성향에 따라 어떤 이들은 본질적으로 언제나 더 낙관적이며, 어떤 이들은 비관적일 수 있습니다. 하지만 이것은 미래와의 관계를 형성하는 올바른 방법이 아닙니다. 저는 그리스도인이며, 따라서 "희망을 간직하고 있습니다."라고 말하는 방법을 선호합니다.

세상에서 많은 일이 일어나고, 잔혹한 전쟁마저 일어난 이 순간에도 현상 유지에 반대하며 우리 주변의 현실에 스스로를 헌신할 수 있도록 한목소리를 내는 일이 중요합니다.

희망이라는 단어는 2025년에 맞이하는 희년을 위한 주제어를 선정하는 제게 영감을 주었습니다. "희망의 순례자들", 이는 밖으로 함께 걸어가자는 초대입니다.

더 나은 세상에서의 희망은 제가 여러분에게 요청하는 열 가지 부탁을 하나로 묶는 실이며, 함께 그 부탁을 실현해 내자는 초대입니다. 마법과 같은 주문은 없습니다. 다만 많은 문제를 해결하는 데 분명 도움이 될 생명, 이웃, 공동의 집을 위한 마음가짐이 있을 뿐입니다. 보편적 형제애의 감각을 회복하고, 어른, 청소년, 아이 등 존엄한 삶을 살아가야 할 수많은 사람을 억누르는 가난의 비극 앞에서 눈을 감지 않는 마음가짐이 있을 뿐입니다.

낙관주의와는 다르게 희망은 결코 배신하지 않습니다. 현대 예술가의 한 작품은 이를 효과적으로 보여 줍니다. 영국 출신 화가는 런던의 한 벽에 하트 모양 풍선을 날리는 여자아이의 모습을 그렸습니다. 흰색과 검정색으로 묘사된 소녀와 특별히 빨간색으로 표현된 풍선 옆에는 다음과 같은 글귀가 있습니다.

"항상 희망은 있다There is always hope."

우리가 "온전한 현존을 살아가도록 초대하는 것"[82]은 바로 이 희망입니다. 희망은 궁극적으로 하느님께서 모든 이에게 주고자 하시는 선물이기 때문입니다.

저는 여러분에게 달려 있는 하느님의 이름으로 드리는 이 열 가지 요청을 신앙인들 뿐 아니라 믿지 않는 이들에게도 청합니다. 두 가지 회칙을 통해 저는 인류가 걱정하는 공동의 집과 보편적 형제애라는 주제에 대해 "모든 이와 대화를 나누는 방법"을 모색했습니다. 지금까지 말씀드린 모든 이야기 또한 같은 지향을 갖고 있습니다.

이제부터 이어지는 단락은 가톨릭 신앙을 지닌 이들에게 드리는 싶은 이야기입니다. 제가 이 책을 통해 부탁한 변화 중 일부를 실현해 내고자 한다면 하느님의 충실한 모든 백성이 모두 두 손을 걷어붙이고 일어서야 한다는 사실을 말씀드리기 위함입니다.

최근 발표한 새 교황령 〈복음을 선포하여라〉를 통해 저는 전체 교회가 모두 선교 사명을 수행할 것을 호소했습니다. 교황과 그의 협력자인 주교들과 사제들은 "세상을 향한 교회의 구원 사명 전체를 자기들이 독점하도록 그리스도께서 세우신 것이 아님을 안다."(PE 10항)라고 말이지요.

저는 희망을 품고 모두 함께 걸어가자고 호소합니다. 왜냐하면 희망이 없는 사람은 어느 방향으로도 나아갈 수 없기 때문입니다. 희망은 2015년 특별 희년의 주제였던 자비의 결과입니다. 당시 저는 우리가 자비를 입은 이들이라는 사실을 깨달을 수 있도록 노력했습니다. 하느님의 자비는 우리의 한계, 죄악, 잘못을 한참 뛰어넘습니다.

'아르스의 성자', 요한 마리아 비안네 성인과 관련해 전해 내려오는 일화가 있습니다. 한 과부가 센강에서 스스로 몸을 던져 자살한 남편으로 인해 울고 있었습니다. 과부는 "남편이 지옥에 떨어졌다."라고 말했습니다. 그러자 성인은 그 여인에게 하느님의 자비는 위대하시며, 그 자비는 다리와 강 사이에 걸쳐 퍼져 있다는 대답을 들려줬습니다.

자비와 관련된 문제는 항상 제 마음 깊숙한 곳에 울림을 줍니다. 우리는 모두 자비로 구원되었습니다.

저의 숙소인 산타 마르타의 집에 있는 제 집무실에는 프랑스 베즐레의 마리아 막달레나 대성당에 있는 기둥머리capitello 부분의 복제품이 있습니다. 중세 시대, 글을 읽을 줄 아는 이가 적었던 시기에 기둥은 교리 교육 자료였습니다. 사람들은 기둥 조각을 보고 교리를 이해했지요. 집무실에 있는 기둥머리에는 목매단 유다의 모습이 조각되어 있으며, 그 아래 부분은 악마가 유다를 지옥으로 끌어당기는 모습입니다. 그리고 반대쪽 면에는 의미심장한 미소를 지으며 그를 풀어 주는 착한 목자의 모습을 묘사하고 있습니다. 이 기둥은 하느님의 자비가 언제나 더욱 강력하다는 사실을 담은 교리 교육을 요약해 보여 줍니다.

2015년 특별 희년의 열매 가운데 하나는 참회에 관한 교회 가르침에 헌신하는 자비의 선교사들이 탄생하고 활동을 시작한 일입니다. 무엇보다도 그들은 화해의 성사(고해성사)의 집전자로서 본질적인 기능을 수행하며, 또한 가톨릭 신자들이 많지 않은 지역에서 활동하고, 여러 공동체를 방문하기 위해 수 킬로미터를 횡단했습니다. 특별 희년 이전까지는 모든 사제에게 죄를 사할 권한, 특히 낙태의 죄를 사할 권한이 있지 않았습니다. 당시까지만 해도 한 여인이 낙태의 죄를 고해하고자 사제를 찾아가서 고해를 하면, 사제들은 다음 날 다시 찾아오라고 했습니다. 사제들이 죄를 사할 권한을 "주교들에게 물어 허가를 받아야 할 필요가 있기 때문"이었습니다. 이제는 모든 사제가 낙태의 죄를 사할 권한을 가지고 있습니다.[83]

일부 다른 심각한 죄는 여전히 사도좌에 의한 참회 과정을 거쳐야 하지만, 자비의 선교사들은 이러한 죄를 사면하는 직무를 수행할 수 있습니다. 한 도시에 도착한 자비의 선교사들은 신자들을 만나고 고해를 경청합니다. 이는 신자들이 자신이 살고 있는 지역이 어디든 하느님의 구체적인 자비를 체험할 수 있도록 돕기 위한 방법입니다.

저는 보름마다 프란치스코회 수사님에게 고해를 합니다. 하느님의 용서를 체험하는 일은 제게 좋습니다. 희망을 갖도록 도와주기 때문입니다. 이 희망은 정적인 것이 아니라 우리가 움직이도록 이끌며 앞으로 나아가도록 힘을 줍니다. 닻의 성경적 이미지는 이런 의미에서 매우 설득력이 있습니다. 닻을 던지면 고정된 지점을 확보할 수 있으며 그곳을 향해 나아갈 수 있습니다.

그러므로 우리 모두 미래를 향한 "희망의 순례자들"이 되길 빕니다. 여러분에게 하느님의 이름으로 10가지 요청을 드렸습니다만, 이 요청을 실천하기 위해서는 우리 모두 함께 헌신해야 합니다. 아마 그 여정이 쉽지만은 않을 것이기 때문에, 과거의 모든 실패와 성공은 우리가 배워야 할 교훈입니다. 동시에 우리는 기억해야 합니다.

"아무도 동떨어진 개인으로서 홀로 구원받는 것이 아닙니다. 오히려 하느님께서는 인간 공동체에 존재하는 복잡한 대인 관계의 맥락을 고려하시어 우리를 당신께 이끄십니다. 하느님께서는 한 백성의 삶과 역사 안으로 들어오시고자 하셨습니다."(GE 6항)

인류는 자신이 물려받은 역사를 기억하고, 현재를 마주할 용기를 갖고, 미래에 대한 희망을 키우도록 부르심을 받았습니다.

가족, 조국, 개인사 등 과거의 기억을 지우는 일은 불가능합니다. 오늘날 용기 없이는 앞으로 나아갈 수 없기 때문에 우리는 용기를 내야 합니다. 하지만 그 용기는 고립된 개인의 용기가 아닙니다. 용기는 우리가 다른 이들과 동행하고 있으며 다른 이들에게 지원받고 있다는 인식 안에서 생겨납니다. 이러한 자세 역시 희망에 기여하는 일입니다. 위험을 무릅쓰고 다른 이를 신뢰할 수 있는 용기를 마음에 품고, 그렇게 우리는 함께 여정을 걸어갈 수 있습니다.

안타까운 일이지만 약 100년 전에 발표된 한 탱고곡은 오늘날 이 시대를 지나치게 잘 묘사했습니다. 1934년 이미 당시 노래는 20세기를 "오만한 악이 만연하는 곳"이라고 표현했습니다. 우리의 사명은 21세기가 그와 비슷하거나 더 나빠지지 않도록 노력하는 일입니다. "모두 다 똑같아, 아무것도 더 나은 게 없어."[84]라는 말은 옳지 않습니다. 그러므로 더 나아질 수 있다는 희망을 주시길 하느님께 청합시다.

제가 교황으로 선출되고 난 후 처음으로 집전했던 첫 일반 알현의 한 구절을 기억합니다. 이 구절이 순례자의 의미, 희망으로 우리 자신을 일으켜 움직이자는 말의 의미를 잘 설명해 줄 것이라고 생각합니다.

> "이는 이웃을 만나기 위해, 실존적 변방으로 나아가기 위해 나 자신으로부터 밖으로 나가는 법을 배우는 일입니다. 우리 형제자매, 무엇보다 멀리 있고 잊힌 이들, 가장 이해와 위로와 도움이 필요한 이들을 향해 먼저 몸을 일으켜 움직이는 일입니다."[85]

끝으로 아프리카 출신으로 처음 노벨 평화상을 받은 남아

프리카공화국의 정치인 앨버트 루툴리가 남긴 이야기를 되새기고자 합니다. 그는 1961년 노벨 평화상을 받는 자리에서 다음과 같은 소망을 남겼습니다.

> "세계의 모든 이가 깨어나서 온 세상에 도사리는 평화에 대한 위협을 완전히 제거하는 날이 하루빨리 오길 바랍니다. 그날이 오면 평화의 전령인 우리 주님께서 이 땅에 오셨을 때 하늘의 천사들이 예언한 대로, '땅에서는 주님께서 사랑하시는 사람들에게 평화'가 올 것입니다."[86]

여러분 모두 희망 안에서 저와 함께 순례길에 동행하고 계신다는 사실을 느끼며, 특별히 평화에 대한 열망을 하느님의 이름으로 청합니다.

| 작가의 말 |

저는 프란치스코 교황님이 2021년 10월 16일 대중 운동가들에게 보낸 영상 메시지를 보며 이 책을 구상하기 시작했습니다. 당시 교황님은 팬데믹 기간 가운데 가장 도움이 필요한 이들에게 손길을 내민 "사회의 시인"들에게 감사를 표했습니다. 코로나19 대유행으로 인한 이미 1년 반 이상 비상사태가 지속된 시기였습니다. 교황님은 이어 마태오 복음서 5장에 나오는 참행복의 의미를 설명하며 우리가 살아가는 세계를 진단했으며, 이처럼 파괴적인 경험에서 인류 전체가 함께 새로운 현실을 건설할 것을 요청했습니다.

당시 연설을 통해 또한 교황님은 "우리를 심연으로 이끄는 통제 불가능한 기관차", 곧 오늘날 사회 구조 시스템에 제동을 거는 조치를 취하기 위해 개인, 단체, 기관, 조직 등 모든 이를 초대했습니다.

코로나19 대유행 시대에 다시 읽는 가톨릭 교회 사회 교리의 역사적 배경을 바탕으로 교황님은 우리가 진정으로 "함께 새로운 세상을 꿈꾸고자" 한다면 경로를 바꿔야 할 시급성이 있는 9가지 근본적 태도를 분명한 어조로 지적했습니다. 그 핵심은 팬데믹을 기점으로 인류가 이전보다 더 나은 모습으로 극복할 수 있도록 함께 힘쓰겠다는 다짐이었습니다.

2020년 3월 27일 바티칸 광장에서의 역사적인 특별 기도의 날부터 언급하셨듯, 우리는 결코 이전과 같은 모습으로 돌아갈 수는 없습니다. 이 위기를 더 나은 모습으로 극복하거나, 더 최악의 나락으로 빠지거나 둘 중 하나가 될 것입니다.

이런 까닭에 저는 교황님께 "하느님의 이름으로" 청하는 요청을 더 깊이 성찰해 이 요청들이 선의를 지닌 모든 이에게 전달될 수 있는 더 확장된 의미로 정리해야 한다고 제안했습니다. 실제로 교황님은 신자들만이 아닌 선의를 지닌 모든 이에게 이 요청이 전달될 것을 기대하며 회칙 〈찬미받으소서〉의 서두에 "이 지구에 살고 있는 모든 이"를 언급하셨습니다.

이 책의 기획에 착수하며 교황님께서 가장 먼저 제안하신 내용은 2021년 10월의 연설에서 언급한 요청에 생명을 불어

넣는 글을 작성하자는 것이었습니다. 교황님은 이 요청들을 그의 전임자들과 가톨릭 교회의 사회 교리가 각 주제에 관해 확실하게 언급한 노선을 따라 발전시켰습니다.

책의 내용을 구상하는 첫 단계부터 질문과 응답으로 이뤄진 전통적인 인터뷰 방식이 아니라는 점은 명확했습니다. 글을 엮어 나가는 과정에서 저는 교황님의 제안, 가르침, 조언, 개인적 대화 내용을 편집하는 과정에 더 포괄적이고 깊은 방식으로 몰두해야 했습니다. 저희는 전화, 이메일 등으로 개인적인 연락을 지속했습니다.

점점 이 내용들이 책의 형태를 갖추기 시작하면서 2021년 "하느님의 이름으로" 요청했던 연설에 포함되지 않은 다른 주제들을 포함해야 할 필요성이 분명히 드러나기 시작했습니다. 교황 즉위 10주년이 점점 임박해 갈수록 책의 출판은 의무적인 사명으로 다가왔습니다. 드디어 우리는 이 글이 더 통합적인 시각을 갖도록 우리를 변화시키는 데 기여할 수 있는 새로운 실마리를 추가하기 시작했습니다. 교황직 수행 10주년을 정리하는 것만이 아니라, 교황님이 밝히셨듯 "다가올 세계"를 위한 과제를 말이죠.

성 학대, 정서적 학대, 권력에 의한 학대와 맞서 싸우는 문제, 사형 제도에 반대하는 교리의 발전 과정, 사회 내에서 여성의 역할 증진과 같은 주제들이 이에 해당합니다.

한편 러시아 - 우크라이나 전쟁의 발발은 전쟁의 확대화, 정당화에 대한 단호한 거부를 표명하는 일의 중요성을 상기시켰습니다. 교황님은 2022년 7월, 캐나다 해외 사도 순방에서 다음과 같이 분명하게 말씀하셨습니다.

"개인주의, 성급한 판단, 만연한 공격성, 세상을 이분법적으로 보려는 유혹으로부터 우리가 거리를 둘 수 있도록 서로 경청하고 대화하는 일이 얼마나 필요한가요!"[87]

책의 구성을 새롭게 기획하는 첫걸음은 2013년부터 발표된 교황님의 연설, 메시지, 담화를 다시 살피고 각 주제에 대해 교황님이 표현한 핵심 개념을 정리하는 일이었습니다. 그런 다음 교황님과 저는 교황 재위 기간 중 가장 핵심이 되는 10가지 주제를 심화하고 다시 제안하기 위해 아직 수행되지 않은 연설에서 교황님의 생각을 담고 있는 연설과 담화도 살펴보았습니다.

책에 담아내기 위해 특별히 신경 써야 했던 과제는 책을 읽을 독자들이 교황님과 직접 대화하는 느낌을 살리는 일이었습니다. 무엇보다 교황님이 이 책을 통해 요청하고 희망의 미래를 향해 결코 소홀히 해서는 안 될 협력을 위한 활동의 호소의 공동체적 차원을 잃지 않으면서 느낌을 살리는 일이 중요했습니다.

이 책에서 교황님은 자신의 주장을 뒷받침하는 통계를 인용하며 교황직 수행 기간 중 강조한 주제를 다시 제안합니다. 또한 베르길리우스, 가브리엘라 미스트랄, 호세 루이스 보르헤스 등과 같은 예술가나 사상가를 인용하며 내용을 풍부하게 만들었습니다. 나아가 2010년대를 특징짓는 고유한 의사소통과 언어적 형태에 대한 정확한 지식을 드러냅니다. 평소 강론이나 연설문에서 언급했던 틱톡, 밈, 가상 세계의 위험 등과 같은 표현이 등장했던 것처럼 말이죠. 또한 교황님은 그의 생각을 표현하기 위해 미술사에서 나타나는 패러다임적 표현을 사용했으며, 이 "10가지 요청"을 제안하는 데 있어 전임 교황님들과의 개념적 연속성을 분명히 했습니다.

하지만 이 작업을 진행하는 동안에도 언제나 전 세계는 점점 더 복잡한 현실을 마주해야 했습니다. 이에 교황님은 전 세계적 전망이라는 조화 안에서 미래를 바라보며 다가올 시대에 대한 희망을 품고 작업할 것을 당부했습니다.

여러 전통, 교리, 교회와 인류가 지닌 관습을 인도해야 할 이상적 운동을 장려하며 교황님이 공개적으로, 또는 개인적으로 자주 인용하는 구절 가운데 구스타브 말러의 "전통은 재를 숭배하는 것이 아니라 불을 지키는 것"이라는 구절이 있습니다. 교황님은 2022년 캐나다 방문에서도 이 말을 반복하셨습니다.

교황님은 오스트리아 작곡가의 이 표현이 과거와 현재 사이에 확립되어야 하는 지속적이고 유익한 대화를 잘 요약한다고 설명합니다. 그것은 기억과 오늘, 다른 말로 하면 젊은이와 함께하는 노인입니다. 이 점은 교황님이 강조하는 책 전반을 관통하는 또 다른 주제입니다.

비록 우리는 제3차 세계 대전의 현실, 교황님의 표현에 따르면 이미 "부분적으로 시작된" 세계 대전의 현실을 살아가지만, 그럼에도 불구하고 희망이 가득한 미래를 향한 시선을 간직하고 있다고 말씀하십니다. 교황님은 새로운 세상을 건설할 수 있도록 우리에게 필요한 변화에 착수하기 위해 "아직 우리에게 시간이 있다."라고 격려하길 주저하지 않으십니다.

황폐해진 자연환경, 자유분방한 시장 중심 경제, 날마다 공동선에서 멀어지는 정치, 가장 취약한 이들을 점점 더 소외시키는 의료 시스템 등 교황님이 이 책에서 언급하는 심각한 문제들의 공동 뿌리는 이 모든 것을 야기한 인류이지만, 동시에 이러한 과정을 되돌릴 수 있는 것도 인류일 수 있습니다. 여기에 미래를 향한 프란치스코 교황님의 희망이 있습니다. 그래서 교황님은 용기를 내라고 당부하며 이 책을 마무리하셨습니다.

프랑스 출신 인류학자 디디에 파생은 최근 저서를 통해 "세상이 다른 모습으로 변할 수 있다면, — 의심할 여지없이 세상이 동서고금을 막론하고 변화를 겪어 왔듯이 — 변화는 언제나 가능하며 새로운 희망을 낳는다."[88]라고 말했습니다. 프랑스 학자의 이야기처럼 교황님이 우리에게 겸손하고 열린 마음으로 이 책에서 소개하는 10가지 요청을 비롯해 구체적인 주제들을 "하느님의 이름으로" 전하는 배경에는 궁극적으로 이러한 변화가 가능하다는 희망에 근거합니다.

이 책의 초안은 스페인어로 프란치스코 교황님과 함께 작성했으며, 주세페 로마노의 이탈리아어 번역으로 신뢰할 만한 이탈리아어 버전이 탄생할 수 있었습니다. 식견, 정확성, 정돈된 배치를 가능하게 해준 '첫 번째 독자'인 부에노스아이레스의 안나 클라라 페레즈 코튼에게 감사를 전합니다. 피엠메 출판사 팀에게도 감사를 전합니다. 특히, 프로젝트 기획을 승인하고 더 풍부한 접근이 되도록 제안해 준 안토넬라 보나미치, 끊임없는 편집으로 신선하고 세련된 느낌을 만들어 준 체칠리아 마스트로조반니에게 감사를 전합니다.

에르난 레예스 알카이데

| 주 |

1. Bertrand Russell, *Mortals and Others*, Routledge, New York 2009, p.318.
2. Andrea Camilleri, *Ora dimmi di te. Lettera a Matilda*, Bompiani, Milano 2018, p.104.
3. Rainer Maria Rilke, *Svolta* (Wendung), tr. it. in Poesie. II: 1908−1926, a cura di Giuliano Baioni, Einaudi−Gallimard, Torino 1995, 《Poesie sparse》, 49, pp.232−235.
4. 프란치스코 교황, '교회 내 미성년자 보호에 관한 회의' 폐막 연설, 2019년 2월 24일.
5. 프란치스코 교황, '메테르 미성년자 보호 단체 회원들과의 만남' 중 연설, 2021년 5월 15일.
6. 프란치스코 교황, '교회 내 미성년자 보호에 관한 회의' 폐막 연설, 2019년 2월 24일.
7. 참조: 프란치스코 교황, 교황령 〈하느님의 양 떼를 잘 치십시오〉, 2021년 5월 23일.
8. 프란치스코 교황, '메테르 미성년자 보호 단체 회원들과의 만남' 중 연설, 2021년 5월 15일.
9. 프란치스코 교황, '주교·사제·부제·축성 생활자·신학생·사목 협조자들과 함께한 제2저녁기도 강론', 퀘벡 노틀담 주교좌성당, 2022년 7월 28일.
10. 프란치스코 교황, '제4차 세계 대중 운동가 총회'에 보낸 영상 메시지, 2021년 10월 16일.
11. '범아마존 지역에 관한 세계주교대의원회의 특별 회의'(아마존 시노드), 《최종 문서》, 2019년.
12. 바오로 6세 교황, 교황 교서 《80주년》, 1971년 5월 14일, 21항.

13 베네딕토 16세 교황, '주바티칸 외교 사절단과의 만남' 중 연설, 2007년 1월 8일.

14 '주교대의원회의 범아마존 특별 회의', 《의안집》, 2019년 6월 17일, 12항.

15 프란치스코 교황, '제4차 세계 대중 운동가 총회'에 보낸 영상 메시지, 2021년 10월 16일.

16 Miguel de Cervantes, *Don Chisciotte della Mancia*, II, 16, tr. it. di Vittorio Bodini, Einaudi, Torino 2005, vol.2, p.716.

17 Fëdor Dostoevskij, *Delitto e castigo*, VI, 2, tr. it. di Giorgio Kraiski, Garzanti, Milano 1987, vol.2, p.509.

18 프란치스코 교황, '산타 마르타의 집 아침 묵상', 2018년 6월 18일.

19 위의 글.

20 프란치스코 교황, '산타 마르타의 집 아침 묵상', 2018년 5월 17일.

21 Francesco, *Ritorniamo a sognare*, Piemme, Milano 2020, p.34.

22 프란치스코 교황, '디지털 세상 속에서의 아동 존엄 학술 대회', 《최종 문서》, 2017년 10월 6일.

23 프란치스코 교황, '그리스 시민 사회 대표단 및 외교단과의 만남'에서의 연설, 아테네, 2021년 12월 4일.

24 프란치스코 교황, '주교황청 신임 대사들과의 신년 만남'에서의 연설, 2020년 1월 9일.

25 프란치스코 교황, '제6차 세계 가난한 이의 날'(2022년 11월 13일) 담화, 2022년 6월 13일.

26 참조: 프란치스코 교황은 서한(2020년 4월 12일) 및 영상 메시지(2021년 10월 16일) 등을 통해 수차례 대중 운동 단체들에게 연설한 바 있다.

27 단테 알리기에르, 《단테의 신곡: 상》, 가톨릭출판사, 2021년, 69쪽.

28 Virgilio, *Eneide*, Libro XI, 362, tr. it. di Rosa Calzecchi Onesti, Einaudi, Torino 1989, p. 449.

29　비오 12세 교황, 성탄 라디오 메시지, 1941년 12월 24일.

30　스톡홀름 국제평화연구소(SIPRI), 2021년 연감: 군축과 국제 안보.

31　프란치스코 교황, '유엔 정기 총회 회원과의 만남' 연설, 2015년 9월 25일.

32　프란치스코 교황, '카자흐스탄 정부 관계자, 시민 사회 대표단 및 외교 사절단과의 만남' 연설, 누르술탄, 2022년 9월 13일.

33　위 연설.

34　프란치스코 교황, '제52자 세계 평화의 날' 담화, 2020년 1월 1일.

35　바오로 6세 성인 교황, 유엔 연설, 1965년 10월 4일.

36　프란치스코 교황, 핵무기 관련 연설, 나가사키, 2019년 11월 24일.

37　마틴 루서 킹, 설교, 1968년 4월 3일.

38　프란치스코 교황, '이주민과의 만남'에서의 연설, 미틸레네, 2021년 12월 5일.

39　Octavavio Paz, *La vida sencilla*, in *Libertad bajo palabra. Obra poética* (1935-1957), Fondo de Cultura Económica, México, D. F. 1960.

40　Jorge Luis Borges, *Il tempo circolare*, in *Storia dell'eternità*, tr. it. di Gianni Guadalupi, Adelphi, Milano 1997, p.85.

41　프란치스코 교황, '제106차 세계 이주민과 난민의 날' 연설, 2020년 9월 27일.

42　IDMC, 2020년 국내 실향민 통계 보고서.

43　바오로 6세 성인 교황, 여성들에게 보내는 메시지, 제2차 바티칸 공의회 폐막 연설, 1965년 12월 8일.

44　Francesco, *Ritorniamo a sognare*, Piemme, Milano 2020, p.71.

45　프란치스코 교황, '락 세인트 앤 호숫가' 강론, 캐나다, 2022년 7월 26일.

46　프란치스코 교황, 브라질 사도 순방 후 귀국 비행기 내 기자 회견,

2013년 7월 28일.

47 참조: 캐롤라인 마타와란, 인포그래픽: 여성 살해를 향한 글로벌 통계, 2021년 12월 8일, https://www.wilsoncenter.org/microsite/8/node/108835.

48 참고: 세계보건기구 보고서.

49 요한 바오로 2세 성인 교황, 교황 권고 《가정 공동체》, 45항, 1981년 11월 22일.

50 Gababriela Mistral, *Io non sono sola*, in Gabriela Mistral, tr. it. di Piero Raimondi, utet, Milano 1968, p.137.

51 프란치스코 교황·도메니코 아가소, 《하느님과 다가올 세계》, 가톨릭출판사, 2021년, 165쪽.

52 참고: 유니세프, '미래를 새롭게 상상하기', 모든 아이들을 위한 혁신, 2015년.

53 신앙교리성과 온전한 인간 발전 촉진을 위한 부서, 〈경제와 금융 문제〉: 현 경제-금융 체계의 일부 측면에 관한 윤리적 식별, 2018년 5월 17일.

54 요한 바오로 2세 성인 교황, 회칙 《100주년》, 35항, 1991년 5월 1일.

55 신앙교리성과 온전한 인간 발전 촉진을 위한 부서, 〈경제와 금융 문제〉: 현 경제-금융 체계의 일부 측면에 관한 윤리적 식별, 2018년 5월 17일.

56 바오로 6세 성인 교황, '농업 개혁에 관한 세계 컨퍼런스' 참석자들에게 행한 연설, 1966년 6월 27일.

57 Italo Calvino, conferenza pronunciata in inglese, il 29 marzo 1983, per gli studenti della Graduate Writing Division della Columbia University di New York, ora in Id., *Le città invisibili*, Mondadori, Milano 1993, p.IX.

58 Emily Dickinson, *La speranza*, *in Silenzi*, tr. it. di Barbara Lanati,

Feltrinelli, Milano 1990, p.33.

59　프란치스코 교황, 제65차 세계 평화의 날 메시지, 2021년 1월 1일.

60　프란치스코 교황, 코로나19 대유행 시기 성 베드로 대성전의 특별 기도, 2020년 3월 27일.

61　프란치스코 교황, 백신 접종 캠페인 영상 메시지, 2021년 8월 18일.

62　프란치스코 교황, '남미: 교회, 교황, 그리고 팬데믹 상황' 화상 세미나 참가자들에게 보낸 영상 메시지, 2020년 11월 19일.

63　프란치스코 교황, '이탈리아주교회의 자선과 건강 위원회 위원들과의 만남' 연설, 2017년 2월 10일.

64　위 연설.

65　레네 파바로르, 1999년 개발 도상국의 핵심적인 건강에 관한 국제 컨퍼런스 발제.

66　Gilbert K. Chesterton, *L'uomo che fu Giovedì*, Bompiani, Milano 2007, p.7.

67　프란치스코 교황, 수요 일반 알현, 2022년 2월 9일.

68　프란치스코 교황, 2022년 3월 교황 기도 지향 영상 메시지, 2022년 3월 8일.

69　프란치스코 교황, 수요 일반 알현, 2022년 2월 23일.

70　Francisco Luis Bernárdez, *Sonetto*, in Cielo de tierra(1937).

71　프란치스코 교황, '종교 간 만남' 연설, 아부다비, 2019년 2월 4일.

72　위 연설.

73　프란치스코 교황, '제2차 세계 형제애의 날' 영상 메시지, 2022년 2월 4일.

74　프란치스코 교황, 평화를 위한 국제 컨퍼런스 참석자들에게 행한 연설, 카이로, 2017년 4월 28일.

75　프란치스코 교황, 모데스토 민중 운동 회원들과의 만남에 보낸 메시

지, 캘리포니아, 2017년 2월 10일.

76 프란치스코 교황, 미국 의회 연설, 워싱턴 D.C., 2015년 9월 24일.

77 프란치스코 교황, '세계 평화와 더불어 사는 삶을 위한 인간의 형제애', 아부다비, 2019년 2월 4일.

78 위의 글.

79 요한 바오로 1세 교황, 수요 일반 알현, 1978년 9월 20일.

80 데즈먼드 투투, '뉴욕 타임즈'와의 인터뷰, 2010년 3월 4일.

81 사회적 권리와 프란치스코 교황의 가르침을 위한 아메리카 대륙 판사 위원회, 모든 이가 접근 가능한 백신에 대한 선언문, 2022년 6월 6일.

82 프란치스코 교황, 교황 권고 《사랑의 기쁨》, 2016년 3월 19일.

83 프란치스코 교황, 교황 교서 《자비와 비참》, 2016년 11월 20일.

84 엔리케 산토스 디세폴로, 캄발라체 탱고, 1934년.

85 프란치스코 교황, 일반 알현, 2013년 3월 27일.

86 앨버트 루툴리, 노벨 평화상 수상 연설, 1961년 12월 10일.

87 프란치스코 교황, '시민 당국, 원주민 대표단, 외교단과의 만남'에서 행한 연설, 퀘벡, 2022년 7월 27일.

88 Didier Fassin, *¿Cuánto vale una vida?*, Siglo XXI, Buenos Aires 2022, p.64(trad. it. Le vite ineguali. Quanto vale un essere umano, Feltrinelli, Milano 2019).